FULLMETAL ALCHEMIST

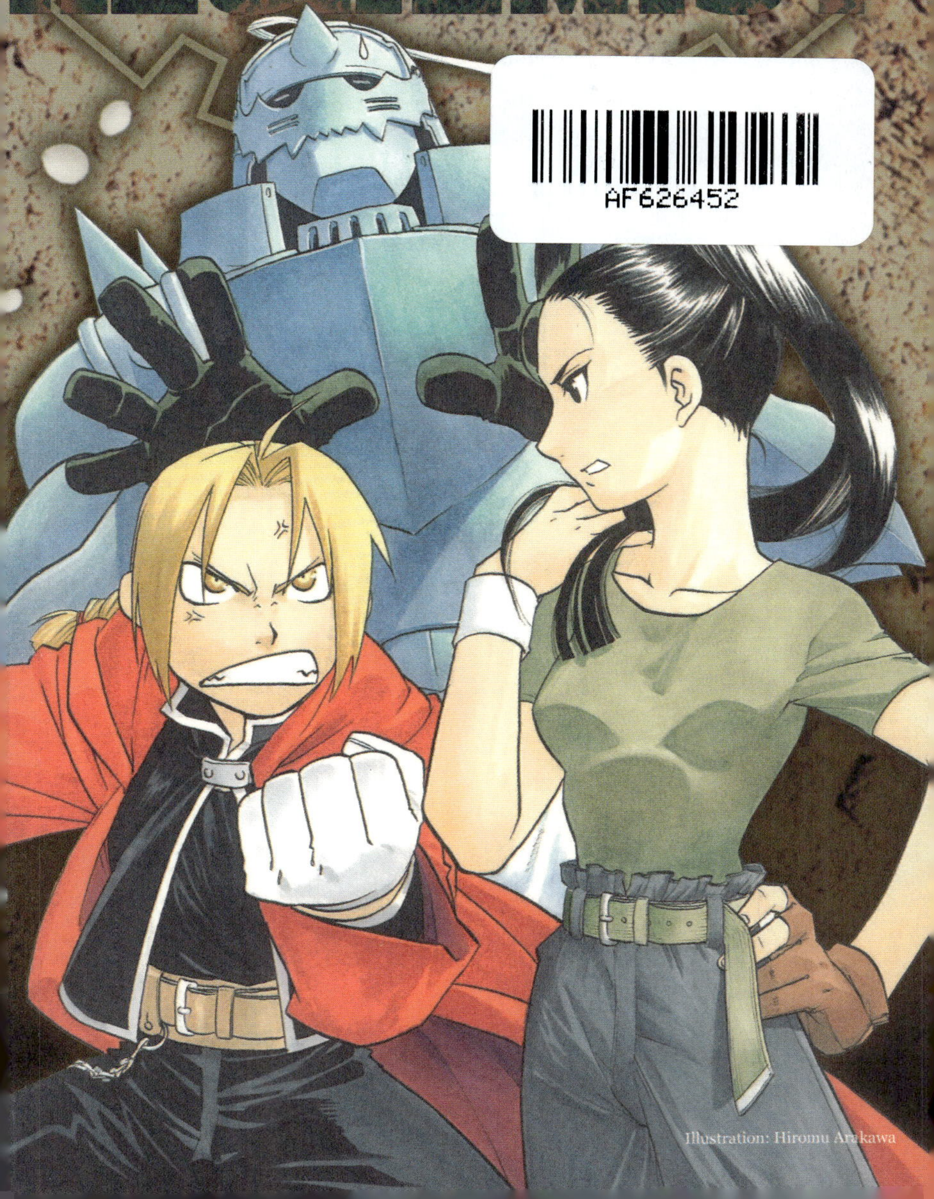

Illustration: Hiromu Arakawa

FULLMETAL ALCHEMIST

Das Tal der tanzenden weißen Blüten

INHALT

Kapitel 1

Die Verschwörung des Herrn Oberst

Die Sonne ging mit einem Leuchten hinter den Hügeln unter und tauchte das Land im letzten Tageslicht in eine goldene Abendstimmung. Der Himmel bot ein lebhaftes Farbenspiel – von Hellblau zu einem hellen Rot, um sich schließlich über Rosa in Lila zu verfärben. Die ersten Sterne glitzerten am Abendhimmel.

»Die Sonne geht unter …« Ein Junge blinzelte vor dieser malerischen Kulisse ins Abendlicht, blieb jedoch davon gänzlich unbeeindruckt. »Ach Mann, wann sind wir endlich in dieser Stadt?«, rief Edward Elric aus und blickte in die Abendsonne. Bei dem Gemaule drehte sich Alphonse zu ihm um.

»Ich schätze, heute Nacht kampieren wir im Freien, hm? Schlagen wir doch bei dem Felsen dort drüben unser Lager auf.«

»Ich bin todmüde.«

»Ja, ist klar, wir sind den ganzen Tag hier durch die Pampa marschiert. Jetzt reiß dich doch noch ein bisschen zusammen.« Alphonse drängte seinen Bruder weiterzugehen. Und obwohl er sich daraufhin in Bewegung setzte, war Edwards Gang schwer.

»Puh, ich kann nicht mehr. Ich kriege kaum noch einen Schritt vor den andern gesetzt.«

Edward, der Junge, der sich so mühevoll vor sich hin schleppte, hatte einen langen blonden Zopf und Augen, die in demselben Gold wie sein Haar strahlten. Sein Blick war wach, und sein Gesicht spiegelte ein breites Spektrum an Emotionen wider, wie es bei Jungen in seinem Alter typisch war. Aber die Automails an seinem rechten Arm und linken Bein zeugten von einem harten Leben. Edwards Begleiter Alphonse hatte eine ähnlich schmerzhafte Vergangenheit hinter sich. Alphonse war eigentlich nicht viel größer als sein Bruder, aber nun war bestand er aus einer hohlen Rüstung, die Edward um Längen überragte. Nur ein Blutsiegel im Inneren verband Alphonse' Seele und die Rüstung.

Vor ein paar Jahren hatte Edward seine Gliedmaßen und Alphonse seinen Körper als Folge einer verbotenen menschlichen Transmutation verloren.

Die zwei Jungen hatte eine schwere Vergangenheit hinter sich. Aber sie ließen sich nicht unterkriegen.

An dem Tag, an dem Edward in die Armee eintrat und den Titel eines Staatsalchemisten erhielt, brannten sie ihr Haus nieder, zerstörten alles, wohin sie hätten zurückkehren können, und schworen sich, ihre ursprünglichen Körper wiederzubekommen.

Herauszufinden, wie sie dieses Ziel erreichen konnten, war keine leichte Aufgabe. Auf ihren Reisen sammelten sie alle Informationen, derer sie habhaft werden konnten, und überprüften deren Wahrheitsgehalt.

Eigentlich hätten sie auch momentan mit großem Eifer unterwegs sein sollen, um einen Weg zu finden, in ihre ursprünglichen Körper zurückzukehren. Der fehlte ihnen aber gerade. Es gab einen anderen Grund, aus dem sie gezwungen waren, derzeit unter freiem Himmel in einer solchen Einöde zu weilen.

»Komm schon, Ed, erholen wir uns doch hier«, sagte Alphonse, als sie einen Felsen erreichten, der ihnen Schutz vor dem Wind bot. Er machte sich sofort daran, ihr Nachtlager vorzubereiten.

»Ach, verflucht. Das ist alles die Schuld vom Herrn Oberst.« Edward setzte sich in den Windschatten des Felsens, packte einen Kanten trockenes Brot aus, kaute darauf herum und starrte frustriert in die Luft. In dieser Richtung lag das Eastern Command, wo Oberst Roy Mustang arbeitete, der Edward und Alphonse in diese Einöde geschickt hatte.

»Warum müssen denn ausgerechnet wir die Inspektion in diesem Dorf machen?«

»Aber, aber. Der Herr Oberst und seine Leute haben doch so viel zu tun, und sie lassen uns doch sowieso meistens tun, was wir wollen. Warum können wir also nicht ab und zu mithelfen?«, beschwichtigte Alphonse seinen Bruder, doch der verzog nur das Gesicht.

»Mithelfen?« Als er an die Umstände dachte, wie sie hier gelandet waren, schüttelte Edward die Fäuste.

»Erpresst hat er uns!«

Ein paar Tage zuvor.

»Mein Geld ist alle.« Bei diesem Satz, den Edward vor sich hin gemurmelt hatte, sah Alphonse auf. »Hm?« Vor ihm starrte Edward fassungslos auf das offene Portemonnaie in seiner Hand.

»Meine Börse ist da, aber es ist nichts mehr drin«, wiederholte Edward.

Auf dem Tisch vor ihnen stapelten sich diverse Teller. An diesem Tag waren Edward und Alphonse in ein Gasthaus an der Hauptstraße eingekehrt. Drinnen gab es wenig Platz, aber ein Teil der Wand war entfernt worden und auch auf der Straße standen einige Tische. Dass er ohne Geld war, hatte Edward erst nach ihrem üppigen Mahl festgestellt.

»Wir haben kein Geld und das merkst du erst jetzt, Ed ...?«

Alphonse' Blick fiel zunächst auf die sauber abgenagten Hühnerknochen und Krümel auf den Tellern und dann auf Edwards Gesicht. Am Mundwinkel klebte ihm noch ein Stück Salatblatt. Er hatte reingehauen wie ein Scheunendrescher und das sah man auch auf der Rechnung. Alphonse lehnte sich über den Tisch und flüsterte: »Hast du ganz sicher nichts? Vielleicht steckt ja doch noch ein bisschen was in deiner Tasche oder so?«

»Nein.« Edward durchsuchte alle seine Jackentaschen und schnitt eine Grimasse.

»Das ... ist kacke. Es war ja so lange nicht notwendig, dass ich reinschaue. Deshalb habe ich gar nicht bemerkt, dass ich kein Geld mehr in meiner Börse habe.«

Auf der Suche nach wenigstens ein paar Münzen klopfte Edward alle Taschen ab. In den letzten paar Tagen waren die Brüder tief in den Bergen einem Gerücht nachgegangen, wonach es dort ein Buch über menschliche Transmutation geben solle. Sie waren mit leeren Händen zurückgekehrt, aber ihre Entschlossenheit, »ihre ursprünglichen Körper zurückzubekommen«, war nichts, bei dem sie sich so schnell entmutigen ließen. Ein anständiges Essen und einfach wieder unter Leuten zu sein, hatte Wunder gewirkt und sie neuen Mut schöpfen lassen.

»Beim nächsten Mal finden wir ihn! Ganz sicher!«

»Da hast du recht! Faustcheck!«

Die beiden hatten einander angesehen, sich mit ausgestreckten Fäusten berührt, um sich neuen Mut zuzusprechen, und genau in dem Augenblick hatte Edward gemerkt, dass er kein Geld mehr hatte.

»Oh Mann, das ist wirklich blöd. Ich hätte schwören können, dass ich da irgendwo noch ein, zwei Scheine drin hatte.« Edward suchte noch einmal seine Jacken- und Hosentaschen ab, um schließlich wild in seinem Koffer herumzukramen. Inzwischen hatten sie die Aufmerksamkeit der anderen Gäste auf sich gezogen. Alphonse winkte leicht ab und tat, als gebe es kein Problem.

»Ähm, du, Ed ... « Alphonse stupste Edward an, der auf dem Boden saß und in seinem Koffer wühlte.

»So verdächtig, wie du dich verhältst, erkennt doch selbst ein Blinder, dass wir kein Geld haben.«

»Wie, verdächtig?«

»Na ja ...«, raunte Alphonse Edward zu und versuchte, sich so kleinzumachen, wie es in seiner Riesenrüstung nur irgend ging. »Zum Beispiel, dass wir Zechpreller sind.«

»Zechpreller?« Edward sah sich daraufhin um – und tatsächlich: Die Kellner und Köche beäugten sie misstrauisch.

»Argh, die verdächtigen uns ja wirklich ...«

»Ist doch klar.« Alphonse seufzte tief und strich sich mit der Hand über die Rüstung.

»Schau doch nur, wie dreckig wir sind ... Kein Wunder, wenn jeder denkt, wir schlagen uns den Bauch voll und hauen dann ab.«

Da fiel auch Edward auf, wie er aussah. Sie hatten sich mehrere Tage in den Bergen aufgehalten; nun war seine Kleidung total verdreckt und franste an mehreren Stellen aus.

»Stimmt ...« Sie sahen wirklich wie ein paar arme Schlucker aus.

»Es gab in der Stadt ja eine Bank, oder? Heb dort doch was ab, Ed ...«

Doch da: »Ey, ihr da!« Ein schwarzer Schatten fiel auf die Rechnung auf dem Tisch. Edward und Alphonse hoben gleichzeitig den Blick und sahen den Ladenbesitzer mit einer Bratpfanne dastehen.

»Sich vollfressen und ohne Bezahlen abhauen ist nicht!«

»Nein, nein. Das würden wir nie tun!« Alphonse beeilte sich, alles abzustreiten, doch es war zu spät.

»Das seh ich doch! Ich hab mich schon gewundert, dass du so viel frisst, aber du hast von Anfang an vorgehabt abzuhauen!«

»Aber ... aber ... ich kann doch alles bezahlen! Ich muss nur mal kurz zur Bank.«

»Und wer soll dir glauben, dass so ein dreckiger Rotzlöffel wie du Geld auf der Bank hat? Du willst dich doch nur rausreden und dich vom Acker machen!«

»Beurteilen Sie die Leute nicht nach ihrem Aussehen!« Obgleich es Edward selbst bewusst war, ärgerte es ihn, wenn ihn andere darauf hinwiesen. Der Wirt blieb von Edwards unerwartetem Ärger unbeeindruckt.

»Wie soll man denn jemand, der einfach so hereinschneit, sonst beurteilen?«

»Oh, ah, stimmt.«

»Hey, kommt mal alle Mann aus der Küche raus!« Der Mann schlug mit einer Kelle auf die Bratpfanne, um seine Leute zusammenzutrommeln.

»Die wollten die Zeche prellen! Schnappt sie euch!«

»Was?«

»Oh nein!« Die Köche rannten mit Töpfen und anderen Kochutensilien bewaffnet aus der Küche.

»Sich ohne Geld vollfressen! Das hier müsst ihr einen Monat lang bei mir abarbeiten!«

»Aber das geht doch nicht, Al!«

»Da hast du recht.« Sie wollten so schnell wie möglich in ihre ursprünglichen Körper zurückkehren. Edward hatte keine andere Wahl, als Alphonse einen Wink zu geben und aus der Wirtschaft zu rennen.

»Ich bin mal kurz auf der Bank!« Die Zeiten waren schlecht. Zechpreller gab es dieser Tage wohl viele. Einige hatten sicher keine Wahl, da sie wirklich kein Geld hatten, aber auch die Wirte hatten zu kämpfen, um über die Runden zu kommen. Die Situation war daher verständlich und wären die Brüder sich selbst begegnet, hätten sie sich auch verdächtigt. Aber dennoch konnten sie keinen ganzen Monat verlieren, indem sie hier arbeiteten.

»Wusste ich's doch!« Der Wirt wollte Edward nachlaufen, doch Alphonse hielt ihn am Arm fest.

»Bitte warten Sie ein bisschen. Ich bleibe hier. Mein Bruder ist kein Gauner, er kommt wieder. Seien Sie unbesorgt.« Der dreckverschmierte Junge mit dem wilden Blick war immerhin Staatsalchemist. Alphonse konnte dies behaupten, da er Edward gut kannte, aber es war nicht verwunderlich, dass der Ladenbesitzer argwöhnisch war.

»Den muss man doch nur anschauen und weiß, dass dem nicht zu trauen ist.«

»Das ist nicht wahr!« Edward stürmte in die Bank. Er hörte noch, wie Alphonse verzweifelt versuchte, ihn in Schutz zu nehmen.

»Entschuldigung, ich möchte Geld abheben!« Als Beweis für seine Identität hielt Edward dem Bankangestellten die silberne Uhr eines Staatsalchemisten unter die Nase.

»Puh, geschafft. Jetzt sind wir wenigstens keine Zechpreller mehr.«

Er wischte sich mit dem Handrücken über die Stirn, doch nach ein paar Minuten sagte die Empfangsdame lächelnd, aber unmissverständlich: »Das Konto von Herrn Edward Elric ist aufgelöst.«

»Hä, was ...?«

»Bitte verlassen Sie unsere Bank.«

»Stopp, stopp, stopp! Da muss doch noch einiges an Forschungsgeldern drauf sein!«

»Wir können das von unserer Seite aus nicht bestätigen ...«

Als die Bankangestellten ihn sanft zur Tür hinausdrängten, rief Edward: »Was soll das denn? Schauen Sie doch noch mal nach! Wenn ich ohne Geld wiederkomme, hält uns der Wirt wirklich für Zechpreller! Das ist eine Verschwörung!«

Und das war es in der Tat. Kaum aus der Bank, rief Edward sofort den Schatzmeister der Armee an und fragte ihn brüllend, wieso er kein Geld mehr abheben könne. Er wurde am anderen Ende der Leitung einfach weiterverbunden.

»Hey, hallo? Hallo? Was zum Teufel ist denn jetzt wieder? Mit wem verbinden die mich denn? ... Ah.« Es knackte in der Leitung und Edward merkte, dass jemand den Hörer abgenommen hatte. Er setzte gerade an, etwas zu sagen, aber die Stimme, die an sein Ohr drang, ließ ihn angewidert das Gesicht verziehen.

»Hallo Edward, dass man von dir auch mal wieder was hört!«

»Herr Oberst? Sind Sie das?«

Am anderen Ende der Leitung war Roy Mustang. Roy war der Kommandant des Eastern Command. Der Mann mit dem tiefschwarzen Haar und den dunklen Augen hatte es schon in jungen Jahren zum Rang eines Oberst gebracht und war auch Staatsalchemist. In der Armee hatte er den Ruf, ein unverbesserlicher Schürzenjäger zu sein und bei der Arbeit oft blauzumachen, aber wenn es darauf ankam, traf er ruhige und präzise Entscheidungen und genoss das Vertrauen seiner Truppe.

Aber in Edwards Augen war Roy auch ein Emporkömmling, der scharfsinnig genug war, dies zu erreichen. Edward machte immer noch ein finsteres Gesicht.

»Warum bin ich zu Ihnen durchgestellt worden, Herr Oberst? Ich wollte eigentlich mit dem Militärschatzmeister über meine Finanzen sprechen. Können Sie mich zurückverbinden?«

»Ich habe darum gebeten, dich zu mir durchzustellen, wenn du anrufst. Ich muss dich um einen Gefallen bitten.«

»Keine Lust.« Edward antwortete reflexartig, ohne überhaupt zuzuhören. Aber Roy war eben Roy und redete einfach weiter. Vermutlich hatte er diese Antwort schon erwartet.

»Wo seid ihr jetzt?«

»Südlich von East City ...«

»Perfekt.«

Edward sah Roy am anderen Ende der Leitung praktisch nicken.

»Was ...?«

»Warum fahrt ihr nicht ein bisschen in Urlaub?«

»Hä?«

»Ich müsste für eine Inspektion dort hinfahren, aber ich habe auch so schon viel zu viel zu tun. Könnt ihr das nicht übernehmen? Die Stadt liegt im Südosten, sie heißt Wisteria«, sagte Roy und Edward konnte Dokumente rascheln hören sowie das Kratzen eines Füllers, als Roy etwas unterschrieb.

»Herr Oberst, haben Sie den Bericht gesehen, den ich Ihnen gerade habe zukommen lassen?«, hörte man aus einiger Entfernung eine Stimme.

»Sekunde, ich sehe ihn mir gerade an! Ah, legen Sie das hierhin!« Roy hatte offenbar die Hand über den Hörer gelegt und rief etwas zurück.

»Ich weiß nicht mehr, wo mir vor lauter Arbeit der Kopf steht.«

Dass er mehr als sonst zu tun hatte, spürte sogar Edward am Telefon.

»Dann gucken Sie doch in den Spiegel.«

Für diesen Witz hatte Roy nur ein müdes Lächeln übrig.

»Wenn das helfen würde, kannst du mir ja einen leihen. Kennst du General Hakuro aus New Optain?«

»Ja.«

»Er heizt mir in letzter Zeit ziemlich ein und hält mir dauernd vor, wie toll das Southern Command alles macht: dass bei denen die Verhaftungsrate so gestiegen ist, sie so gut modernisieren und viele neue Leute angeworben haben.«

»Heh. Klingt so, als ob die im Süden irgendwas richtig machen, oder?«

»Auf den ersten Blick schon, aber schaut man genauer hin, merkt man, dass sie eigentlich nur Spitzel bezahlen. Außerdem wird gemunkelt, dass im Hintergrund eigentlich Menschenhändler die Strippen ziehen, weil sie wegen der Modernisierung nicht mehr genug Leute haben. Aber so was will der General nicht hören, daher bleiben nur die positiven Sachen. Oh Mann.«

Edward hatte ein wenig Mitleid mit Roy, als der so gefasst wie immer seine Meinung äußerte.

»Mein Beileid.« Edward hatte bereits Geschichten über General Hakuro gehört. Er war ein gewissenhafter Mensch voller Stolz und mit einem ausgeprägten Karrieresinn, aber in Edwards und Roys Augen ein bisschen zu starrköpfig und unbequem.

»Herr Hakuro versucht doch sicher nur, Pluspunkte für seine eigene Beförderung zu sammeln, oder?«

»Genau. Aber seine eigenmächtigen Vorschläge halsen mir nur noch mehr Arbeit auf. Jetzt müssen wir Städte und Dörfer vor Ort besichtigen und unsere Berichte abgeben.«

»Und das soll jetzt ich machen? Das sieht Ihnen doch gar nicht ähnlich, Herr Oberst. Dass Sie gar nicht mal daran denken, das gewissenhaft selbst zu erledigen.« Roy hatte noch nie freiwillig eine Aufgabe übernommen, wenn er sich nur irgendwie davor drücken konnte. Roy wusste, dass dies auch Edward bekannt war, und stimmte ohne Widerrede zu.

»Nein, tu ich ganz bestimmt nicht. Das ist mir zu lästig, daher werde ich es delegieren. Wäre es eine Stadt in der Nähe, könnte ich irgendwen für die Interviews hinschicken und dann darauf basierend den Bericht selber schreiben, aber wenn ich gar nichts von dem betreffenden Ort weiß, geht das natürlich nicht. Das Gebiet im Süden, wo ihr gerade seid, ist definitiv zu weit weg. Da ist mir eingefallen, dass ihr vor etwa einem Monat gesagt habt, dass ihr in den Süden wollt. Daher dachte ich, ich bitte dich um Hilfe.«

»Keine Chance.« Edward streckte seinem unsichtbaren Gesprächspartner die Zunge heraus. »Das ist ja kein offizieller Befehl, oder? Deshalb: Abgelehnt! Aber egal. Geben Sie mir jetzt wieder den Schatzmeister. Hätte eine Stelle – die Bank oder die Buchhaltung – die Forschungskosten richtig verwaltet, hätte ich nicht mit Ihnen telefonieren müssen, Herr Oberst. Sie haben doch sowieso nicht mit mir rechnen können, da Sie keine Möglichkeit haben, mich anzurufen.«

Ohne den blöden Zwischenfall mit der Bank wäre dieses Gespräch nie zustande gekommen.

Edward ging offenbar von einem Zufall aus, doch da sprach Roy Klartext: »Nun, das habe ich in Auftrag gegeben.«

»Hä?« Edward verstand gar nichts mehr, also erklärte Roy: »Du bist doch immer irgendwo unterwegs, daher ist es einfacher, wenn du dich mit uns in Verbindung setzt, als andersherum. Und wenn du keinen Zugriff mehr auf dein Konto hast, meldest du dich ganz sicher.«

Edward blieb die Spucke weg. Erst sagte er gar nichts, aber seine Hand packte den Hörer immer fester, bis man sogar ein Knirschen hören konnte.

»Sie blöder Idiot! Ohne Geld werden wir als Zechpreller vor Gericht gestellt!«

»Zechpreller?«

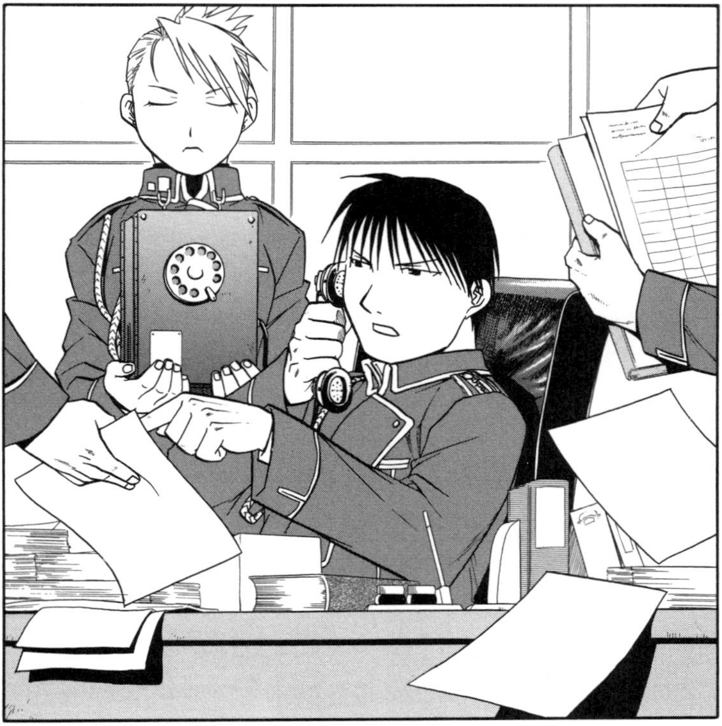

»Ja, genau!«

Edward erzählte, in welcher Lage sie gerade steckten, und machte seinem Ärger Luft, was ihnen durch die Eigenmächtigkeit des Herrn Oberst passiert war. Doch sein Gesprächspartner blieb unbeeindruckt.

»In der Tat. Es ist unschön, wenn man der Zechprellerei verdächtigt wird, aber meine Schuld ist das nicht. Wenn du essen gehst, musst du doch vorher nachschauen, ob du auch Geld dabeihast.«

»Hmpf.« Roy hatte schon irgendwie recht. Edward starrte frustriert den Hörer an; ihm fiel einfach kein Argument mehr ein. Natürlich war die Kontosperrung ärgerlich, aber das lag an der fehlenden Möglichkeit, mit ihm in Kontakt zu treten, und die Ursache für seinen Zorn – die angebliche Zechprellerei – war nicht Roys Schuld, sondern seine eigene Nachlässigkeit. Da fuhr Roy fort: »Ich kenne außerdem jemanden in der Buchhaltung. Ich kann ihn bitten, dass dein Konto weiter gesperrt bleibt und du nicht mehr an dein Geld kommst.« So wohlmeinend die Worte auch klangen, sie waren doch eine Drohung.

»Sie wollen eigentlich sagen: ›Los, Abmarsch! Setz dich in Bewegung!‹ Richtig?«

»Ist das nicht Teil des Militärdienstes? Du bist Soldat. Du kannst auch mal was für die Allgemeinheit tun.«

»Mich für die Leute einzusetzen, ist ja okay! Ich will nur nicht für Sie arbeiten, Herr Oberst!«

Roy schwieg. Es war ein beredtes Schweigen und Edward verstand: *Wenn du ablehnst, kommst du nicht mehr an deine Kohle.*

»Ach verdammt!« Edward biss sich auf die Lippe.

Roy las sofort die Arbeitsanweisungen vor, damit Edward, der vor Wut und Frustration nicht klar denken konnte, keine Gelegenheit bekam, weiter dagegen zu argumentieren.

»Worum es bei der Inspektion geht ... Man muss rumlaufen, schauen, ob es den Bürgern gut geht, die Verantwortlichen in der Stadt befragen, was dort gut und was schlecht läuft und wie es zur derzeitigen Situation gekommen ist. Und wenn du schon dabei bist: Schick den Bericht noch direkt an General Hakuro. Und ja, genau. Du musst verdeckt arbeiten. Sonst kriegen die raus, dass ich nicht selbst vor Ort war. Also danke im Voraus!«

»Oh, wie, was, ›Danke im Voraus‹?! Hey! Das ist doch kacke! Verflucht.«

Edward warf den Hörer auf die Gabel, aber Roy hatte bereits aufgelegt.

»Dieser dämliche Oberst ... Der Sack ist zu faul, seinen Job zu machen ...«

Zwei Tage später.

Edward schäumte immer noch vor Wut und während ihrer gesamten Wanderung über die Berge wiederholte er mantraartig seine Tiraden. Der Vorfall in der Schenke war geklärt. Roy hatte wohl eingelenkt und Edward konnte nach einigem Hin und Her Geld abheben. Sie machten sich nun dank Alphonse' Überredungskünsten doch nach Wisteria auf.

»Wir hatten uns eh noch nicht entschieden, wo wir als Nächstes hinwollten. Wir können doch ruhig auch mal zum Spaß irgendwo hingehen und uns die Gegend anschauen. Wir nehmen uns sonst nie Zeit, auch mal auszuspannen.«

Auf der Suche nach einer Möglichkeit, ihre ursprünglichen Körper wiederzubekommen, waren Edward und Alphonse viel herumgekommen. Aber sobald sie in einer Stadt feststellten, dass die Informationen, nach denen sie suchten, nicht zu finden waren, zogen sie weiter, ohne sich die Sehenswürdigkeiten anzusehen oder sich unter die Einheimischen zu mischen.

Alphonse hielt es für eine gute Gelegenheit zum Entspannen und studierte eifrig die Karte von Wisteria.

»Es müsste eine kleine Stadt sein. Wie es dort wohl aussieht? Vielleicht ein bisschen wie Resembool?« Edward kauerte neben Alphonse, der seine Heimatstadt mit einem Ort verglich, den er noch nicht kannte.

»Ist doch vollkommen egal, wie es dort aussieht. Wir finden eh nicht hin.« Edward blinzelte mit einem Auge durch den in der trockenen Luft aufgewirbelten Staub.

»Schon zwei Tage Latscherei und wir sind immer noch nicht da. Wo zum Teufel liegt das nur?«

»Der Karte nach müssten wir eigentlich bald da sein. Müssten wir nicht schon irgendwas sehen können, wenn es hier eine Stadt gibt?« Alphonse legte den Kopf schief und überprüfte mit der Karte in der Hand die Richtung.

»Wenn wir schon so weit gelaufen sind und immer noch nichts sehen – vielleicht gibt es die Stadt gar nicht mehr?« Edward seufzte. Die großen Tumulte waren vorbei und überall im Land entstanden neue Städte, aber die Unruhen dauerten immer noch an. Die Leute hingen nicht so an ihren Häusern und wenn sich ein Ort als ungeeignet herausstellte, zogen sie weg und die Städte wurden aufgegeben. Gut möglich, dass Wisteria das gleiche Schicksal ereilt hatte. Hier gab es nicht einmal eine Zugverbindung. Edward und Alphonse' Weg führte sie durch eine öde Landschaft aus Felsen, Geröll und Sand. Sie marschierten und marschierten, fanden aber weit und breit kein menschliches Lebenszeichen. Edward ließ den Blick über den Horizont schweifen.

»Sag mal, Al, weißt du, woher der Name Wisteria kommt?«

»Wisteria ist doch der Blauglockenbaum. Es liegt wahrscheinlich daran, dass die Stadt immer im Schatten liegt und die Farbe so ähnlich ist wie die der Blüten?«

»Genau. Ist doch unwahrscheinlich, dass sich hier irgendwo solch eine Stadt befindet. In dieser Wüste gibt es nichts, was so einen großen Schatten werfen könnte.« Mit einer ausladenden Geste zeigte Edward in die Umgebung. Die Sonne tauchte die Hügelreihen vor ihnen in ein strahlendes Licht. Schatten gab es nur hinter einigen verstreuten Felsen. So weit ihre Füße sie auch trugen, hier war überhaupt nichts. Edward seufzte tief. »Das kann doch nur eine Geisterstadt sein. Sagen wir dem Herrn Oberst doch einfach, dass es nicht nur keine Stadt gibt, wo man eine Inspektion durchführen kann, sondern rein gar nichts! Und bei der Gelegenheit sollte er uns auch einen Bonus geben, dass er uns hierherbeordert hat. Eine Einladung zu einem ordentlichen Essen sollte schon drin sein.«

Edward grübelte darüber nach, wie er Roy dazu bringen könnte wiedergutzumachen, dass er sie so sinnlos in der Gegend herumschickte. Da entdeckte Alphonse in der Ebene den Schatten eines Menschen.

»Du, Ed! Da kommt wer.«

»Hä?«

Edward sah noch mal genauer hin und wirklich kam jemand in ihre Richtung. Es schien ein Hausierer zu sein. Er ging langsam und trug einen großen Rucksack.

»In so einer Wüste hausieren gehen ...?«

»Es muss also wirklich eine Stadt in der Nähe geben. Fragen wir ihn einfach.«

»Ja.«

»Entschuldigung!« Edward und Alphonse liefen auf ihn zu. Der Mann hielt den Blick beim Gehen nach unten gerichtet, damit ihm der Sand nicht in die Augen geriet, doch als er Edwards und Alphonse' Schritte bemerkte, sah er auf.

»Oh, hallo, was ist denn?«

»Dürfen wir Sie kurz was fragen?« Alphonse zeigte dem Mann seine Landkarte und dann auf eine Stelle, an der Wisteria geschrieben stand. »Da wollen wir hin. Wissen Sie, wie man hinkommt? Wir finden es einfach nicht. Gibt es die Stadt überhaupt noch?«

»Wovon sprichst du?« Der Mann lachte belustigt und tippte mit dem Finger auf die Karte und das Wort Wisteria. »Das liegt schon dort. Aber da habt ihr noch einen weiten Weg vor euch. Wisst ihr denn gar nichts über Wisteria?«

»Nein, nicht so wirklich.« Sie wussten nur, dass sie eine Inspektion durchführen sollten. Ansonsten hatten sie keine weiteren

Informationen. Für Edward und Alphonse war Wisteria einfach nur irgendeine Stadt im tiefen Süden.

»Ei, ei, ei, na das ist ja mal ungewöhnlich, dass jemand herkommt und keine Ahnung hat. In letzter Zeit hat die Stadt einen ziemlichen Aufstieg hingelegt. Sie ist jetzt eine wirklich reiche Stadt und wird sogar ›Garten Eden‹ genannt.«

»Garten Eden?« Bei diesen unerwarteten Worten aus dem Mund des Mannes konnte Edward sich das Lachen nicht verkneifen. »In so einer Wüste?« Er deutete zum Horizont. Doch der Mann nickte.

»Lebst du einmal in dieser Stadt, bist du so reich, dass du nie mehr wegziehst.«

»Da ist es so schön?«

»Oh ja. Da zieht keiner mehr weg. Es ist wirklich ein Qualitätsmerkmal in diesen Zeiten. Ich dachte, wenn die Leute schon so reich sind, könnte ich dort doch ein Geschäft aufmachen, aber sie haben mich nicht reingelassen.«

»Hm? Warum denn das?«

Es wäre ein Problem, wenn sie extra für die Inspektion kämen und dann nicht reingelassen würden. Auf Alphonse' Frage hin wandte sich der Mann bedauernd in die Richtung, aus der er gekommen war.

»Die Stadt entscheidet selbst, wer reindarf. Die Behörden verfolgen anscheinend den Grundsatz, nur Leute hereinzulassen, denen es wirklich dreckig geht und die sonst nirgends hinkönnen. Laut dem Bürgermeister wurde die Stadt extra für diese Menschen gebaut. Ich solle es daher aufgeben. Obwohl heutzutage doch jeder nur an sich selbst denkt, muss dieser Bürgermeister eine Art Heiliger sein. Mir fiel nichts ein, was ich darauf hätte sagen können. Ich hätte Wisteria, das angeblich ›letzte Paradies auf Erden‹, gern gesehen.Ich habe auf der Durchreise sogar Leute von dort getroffen und sie gebeten, mich mitzunehmen, aber ohne Erfolg.«

»Hier kommt wer vorbei?«

»Aber natürlich. Anscheinend gibt es in Wisteria kein Telefon, obwohl sie eines bräuchten, um Leute von außerhalb kontaktieren zu können. Und so kommen ab und zu auch Menschen vorbei. Gerade eben waren noch welche unterwegs. Wenn ihr euch beeilt, erwischt ihr sie vielleicht noch. Fragt sie doch einfach, ob ihr mit ihnen in die Stadt dürft.«

Edward und Alphonse hatten schon an der Existenz der Stadt gezweifelt, doch nun schöpften sie wieder frischen Mut.

»Gut, gehen wir, Ed.«

»Ja.«

Der Mann zog leicht besorgt die Augenbrauen hoch.

»Um die Stadt herum ist es aktuell ziemlich gefährlich. Leute, die von Wisterias Reichtum geblendet sind und bei jeder Gelegenheit versuchen, in die Stadt einzudringen, haben davor ihre Zelte aufgeschlagen. Es ist ein richtiges Pulverfass. Sie liegen wohl ständig mit den Stadtbewohnern im Clinch. Passt lieber auf, dass ihr nicht zwischen die Fronten geratet.«

Edward und Alphonse bedankten sich für die Warnung und schritten schneller aus.

»Na eins ist doch gut: Die Stadt gibt's also wirklich.«

»Wenn wir noch ein Stückchen weitergehen, müssten wir sicher schon was sehen.«

»Nach dem, was der Typ eben erzählt hat, hört es sich nicht so an, als würden sie uns so einfach reinlassen. Meinst du, das stimmt?«

»Wir müssen aber rein, sonst können wir die Inspektion vergessen. Schnappen wir uns mal die Leute vor uns, von denen er erzählt hat.«

Sie konnten noch nicht weit sein. Vor Edward und Alphonse tauchten Zelte auf. Es gab kleine Hütten, hier und da waren Pferde angebunden und auch ein paar Karren standen herum. In dieser Einöde schien also jemand zu leben.

»Ob das die Leute sind, vor denen wir uns in Acht nehmen sollen?«

»In dem Fall wäre das dort Wisteria, aber ...«

Es waren nach wie vor keine Häuser zu sehen.

»Ernsthaft, wir sind immer noch nicht da?« Jetzt hatte Edward die Nase voll.

Plötzlich hörten sie jemanden schreien: »Hey, was macht ihr da?« Es war eine lebhafte Frauenstimme, die ganz und gar nicht in diese unwirtliche Gegend passte. Wo der Ausruf hergekommen war, hatte sich eine Gruppe Männer zusammengeschart. Gestählte Körper, verschlagene Blicke: Das waren mit Sicherheit nicht die guten Bürger von Wisteria. Einige hielten ein Gewehr in der Hand. Mitten unter ihnen stand eine Frau mit langen Haaren. Umringt von so vielen kräftigen Männern machte die Situation keinen friedlichen Eindruck. Alphonse stellte sich besorgt auf die

Zehenspitzen, um zu sehen, was im Gange war. »Was ist denn da los? Was machen die hier?«

Die Männer hatten die junge Frau umzingelt und redeten bedrohlich auf sie ein.

»Na komm schon, kannst du uns nicht einfach in die Stadt lassen? Das ist nicht nett, wenn ihr das ganze gute Zeug nur für euch behaltet.«

»Macht das Tor auf, solange wir noch lieb sind.«

Die Männer waren zwar nicht laut geworden, aber man erkannte die Drohung deutlich. So deutlich, dass jeder eingeschüchtert sein müsste, doch in der Stimme der Frau lag keine Spur Angst.

»Wenn ihr reinwollt, nur zu! Es gibt weder eine Stadtmauer noch einen Graben, der euch den Weg versperrt. Ihr könnt nur nicht auf demselben Weg herein wie wir.«

So eine freche Antwort hatten sie nicht erwartet und einer der Männer brüllte sie an: »Aber einen anderen Weg als euren gibt es nicht!«

»Davon weiß ich nichts.«

»Du blöde Schlampe! Bild dir nur nichts ein, weil wir dir nichts anhaben können.«

Edward und Alphonse beschleunigten ihren Schritt und das Mädchen fuhr bissig fort: »Na, ihr wollt uns doch die Stadt zerstören. Glaubt ihr wirklich, dass ihr da willkommen seid?«

»Komm her!«

Edward und Alphonse sahen, wie einer der Männer die Frau am Kragen packte.

»Oje. Der müssen wir doch helfen ...«, keuchte Alphonse. Edward runzelte die Stirn.

»Die ist ziemlich selbstsicher. Wer umzingelt ist, redet normalerweise nicht so. Wer das Maul trotzdem aufreißt, vertraut doch darauf, dass er es mit denen in einem Kampf aufnehmen kann, oder?« Als sie näher an die schreienden Männer herangekommen waren, sahen sie deutlich, dass die Frau alles andere als Angst hatte.

»Wenn du in der Stadt handeln willst, tu dir keinen Zwang an! Geh doch einfach irgendwo hinein. Es kostet dich nur dein Leben.«

Kaum hatte sie das gesagt, ballten alle Männer fast gleichzeitig die Fäuste.

»Manchen Leuten muss man die Einsicht wohl erst einprügeln!«

»Kapierst du denn nicht, dass wir die Stadt gegen eine kleine Zuwendung eurerseits beschützen, damit andere Typen sie nicht angreifen?« Einer der Männer hob den Arm.

»Aah.«

Alphonse machte einen Satz nach vorn, da er befürchtete, der Mann würde die Frau schlagen. Doch die Sorge stellte sich als unbegründet heraus.

»Das wird nicht nötig sein.«

Und schon verlor der Mann, der die Frau am Kragen gepackt hatte, den Halt. Sie drehte ihm nämlich den Arm auf den Rücken, rammte ihm die Schulter in die Seite, brachte ihn so aus dem Gleichgewicht und stieß ihn zu Boden.

»Ihr schielt neidisch auf das, was sich andere erarbeitet haben, ohne selber den Finger krumm zu machen. Was seid ihr nur für armselige Gefährten.«

Das Mädchen fegte den Arm des Mannes weg, den sie zu Fall gebracht hatte, und kickte dessen Faust mit dem Bein fort. Sie versenkte ihr Knie in der Magengrube des nächsten Mannes und schon ging noch einer zu Boden. Als sie so zwei weitere Leute, die sie umringt hatten, unschädlich machte, entstand im Kreis der Männer eine Lücke, die den Blick auf die junge Frau freigab. Sie war zwischen siebzehn und neunzehn Jahre alt und hatte einen langen schwarzen Pferdeschwanz. Ihre große und schlanke Gestalt war wirklich überwältigend. Sie trug ein T-Shirt und etwas, das nach Militärkleidung aussah und ihre Muskeln nicht verbarg. Aber mehr als alles andere beeindruckte Edward und Alphonse ihr Blick. Ihre großen Augen, die so dunkel waren wie ihr Haar, strahlten einen starken Willen aus und glühten vor Energie. Ihr langer Pferdeschwanz tanzte durch die Luft, als sie mit fließenden Bewegungen einen Mann nach dem anderen zu Fall brachte.

»Jetzt glaub ja bloß nicht, dass wir dich wieder so einfach davonkommen lassen.«

»Hey, Leute, helft doch mal mit!« Als das Mädchen mehrere niedergekickt hatte, riefen die übrigen ihre Gefährten zu Hilfe, die in sicherer Entfernung zuschauten. Alphonse geriet in Panik.

»Ed, wir müssen doch helfen!«

Doch Edward blieb ungerührt. »Und wem willst du helfen?«

»Na hör mal!«

Direkt vor ihren Augen machte die junge Frau Hackfleisch aus einem der Kerle.

»Das Mädel braucht unsere Hilfe nicht. Das siehst du doch.«

»Aber so viele gegen einen, das ist doch nicht schön!« Alphonse war beunruhigt. Die Frau vermöbelte gerade einen der Typen, als hinter ihr ein anderer einen Stock aufhob und sich anschlich. Alphonse schrie ihr unwillkürlich zu: »Achtung! Hinter dir!« Vielleicht hatte sie das gehört, denn sie schaute über die Schulter zu dem Mann mit dem Stock und trat unbarmherzig zu. Selbiger wurde hart an der Schulter getroffen und fiel um. In dem Augenblick drehten sich die anderen Männer um.

»Wer ist der Kerl in der Rüstung?«

»Hast du was mit der Tussi zu tun?«

Ein paar drehten sich um und beargwöhnten Edward und Alphonse.

»Nein, hab ich nicht, aber ...« Alphonse stritt es hastig ab, fügte jedoch hinzu: »Aber es ist nicht in Ordnung, wenn sich so eine Horde auf eine einzelne Frau stürzt und ihr Gewalt antut.«

Die Männer lachten nur überheblich.

»Halt dich raus! Kratz die Kurve!«

»Es reicht! Machen wir die Schlampe fertig.« Inzwischen stand den Männern der Blutdurst ins Gesicht geschrieben.

»So viele gegen einen ist doch unfair!«

»Hey, Al!« Bevor Edward ihn zurückhalten konnte, stürzte sich Alphonse auf die Männer.

»Oh Mann.« Es war wohl das erste Mal, dass sie in eine Schlägerei gerieten, weil Alphonse so nett war. Normalerweise sorgte

Edwards Hitzkopf dafür, dass sie in solchen Situationen landeten. Edward hielt es für einen positiven Charakterzug seines Bruders.

»Er kann nicht anders«, murmelte Edward und folgte Alphonse ins Getümmel. Die Frau war zwar wirklich frech, aber bei einem Kampf zwanzig gegen eins zuzusehen, war trotzdem unangenehm. Er wollte nicht übermäßig oberlehrerhaft dastehen, aber in diesem Fall musste man dem Mädchen wohl doch helfen. Seine Motivation war zwar im Keller, da er im Auftrag des Oberst unterwegs war, doch tatenlos zuzuschauen, war auch keine Option. Er versenkte seine Faust in einen Mann, der ihm entgegenrannte.

»Sonst bin es doch immer ich, der an so was schuld ist. So etwas passiert selten.«

Normalerweise ermahnte Edward Alphonse immer wieder, sein Temperament im Zaum zu halten. Diesmal schlug er einen Mann nieder, der sein Gewehr auf Alphonse und die Frau gerichtet hatte.

»Los, traut euch!«

Einige Leute kamen mit Stöcken und Brettern bewaffnet auf Edward zu.

»Jetzt zeigen wir dem Kleinen, wo der Hammer hängt!«

»Attacke!!«

Die Männer stürmten vor. Aber Edward dachte nicht an Rückzug. Er zog seinen Mantel aus, warf den rechten Handschuh weg und ging zum Angriff über. Noch im Laufen schlug er die Handflächen zusammen.

Bämm! Edward legte seine linke Hand über die rechte, bevor die Männer überhaupt reagieren konnten.

Ein gleißendes Licht erschien und blendete sie. Als es verloschen war, ragte eine scharfe Klinge aus Edwards rechtem Handrücken heraus. Edward holte zum Schwertstreich aus. Die Männer wussten nicht, wie ihnen geschah. Die Stöcke, die sie in der Hand gehalten hatten, waren in Stücke geschlagen und fielen scheppernd zu Boden.

»Ein Alchemist!«, schrie jemand und die Männer fuhren herum. Edward rannte im Zickzack zwischen ihnen hindurch. Mit einem Hieb schlug er mit seinem Schwertarm einem Gewehr den Lauf ab und parierte mit einem Metallrohr einen Angriff. Die Funken stoben. Einem anderen Gegner rammte er die Schulter in die Seite. Als der das Gleichgewicht verlor, holte er noch einmal nach hinten aus.

»Uff!«

Nach einem harten Treffer aufs Brustbein brach der Mann um Atem ringend zusammen. Ein faustgroßer Stein kam in Edwards Richtung geflogen, doch er duckte sich und grinste die Männer an, die hinter einem Felsen in Deckung gegangen waren.

»Habt ihr immer noch nicht genug?«

…

Die Männer, die Edwards Stärke gespürt hatten, schienen ihren Kampfeswillen zu verlieren. Das lag wohl teilweise daran, dass sie angesichts der plötzlichen Alchemie überrumpelt worden waren.

»Al, jetzt!« Edward drehte sich zu Alphonse um.

»Okay!« Der Frau, die in der Nähe gerade zwei Männer vermöbelte, rief Alphonse zu: »Das gilt auch für dich! Lauf weg!«

Alphonse wollte in die leere Einöde zurückkehren. Aber sie schüttelte den Kopf. »Nein, hier lang!« Sie schnappte sich Alphonse' Arm und zog ihn in der anderen Richtung hinter sich her.

»Eh, ey, warte mal!«

»Halt die Klappe und lauf!« Hinter der Zeltstadt der Gauner, die in die Stadt wollten, breitete sich eine weite Ebene aus.

»Nur noch ein Stück, dann können die uns nicht mehr folgen.«

»Ach ja?« Alphonse drehte sich nach Edward um, aber der rannte direkt hinter ihnen. Die Männer waren frustriert stehen geblieben. Einerseits fiel Alphonse ein Stein vom Herzen, dass sie nicht mehr verfolgt wurden, andererseits war das Ganze mehr als seltsam.

»Aber wo laufen wir denn hin? Wir können denen doch nicht entkommen!«

Vor ihnen lag nur die gleiche trostlose Einöde.

»Was tun wir hier? Wir sollten besser dahin laufen, wo wir hergekommen sind«, grummelte Edward und beeilte sich, zu den anderen aufzuschließen. Die Frau rannte zielstrebig weiter.

»Quatsch keine Opern. Kommt einfach. Klappe halten!«

»Wie redest du denn mit mir?! Immerhin haben wir dich gerade rausgehauen!«, maulte Edward, aber die junge Frau lief einfach weiter. Es blieb ihnen nichts anderes übrig, als mit ihr mitzuhalten. Nach einer Weile vergewisserte sie sich, dass sie alle Verfolger abgeschüttelt hatten.

»Ab hier sollten wir in Sicherheit sein.« Sie blieb stehen.

»Danke für eure Hilfe. Ich bin Ruby.«

»Ah, ich bin Alphonse. Und das ...« Alphonse schüttelte die Hand, die ihm entgegengestreckt wurde, und drängte Edward, sich ebenfalls vorzustellen. Aber der machte immer noch ein grimmiges Gesicht.

»Ey, du ...«, wandte er sich brüsk an Ruby. »Was tust du hier? Du scheinst ja nicht mal einen Plan zu haben, wie wir hier wegkommen!« Edward war sowieso schon genervt, weil ihre Suche sie immer irgendwohin in die Pampa führte, und jetzt wurde er auch noch angeschnauzt und wild in der Gegend herumgescheucht! Alphonse war schnell bereit, die Vergangenheit ruhen zu lassen, wenn ihm gedankt wurde, aber Edward war sich da offenbar nicht so sicher. »Und wenn ich das mal sagen darf: Es sah so aus, als wärst du an der Schlägerei vorhin schuld gewesen. Bist du lebensmüde, dass du das Maul so aufreißt?«

Ruby schien das kein bisschen zu stören und sie erwiderte: »Höh, da hat sich aber wer im Ton vergriffen. Die Bösen, das sind doch die! Sollen wir die vielleicht streicheln, damit sie zur Vernunft kommen? Das klappt nicht!«

»Stimmt schon. Nur ist es von außen betrachtet schwer zu unterscheiden, wer der Bösewicht ist. Soviel wir wissen, könntest du noch ein viel größerer Bandit sein.«

»Aber Ed ...« Edward hatte diesen Satz selbst schon oft gehört. Alphonse konnte sich ein Kichern nicht verkneifen.

Edward war der aggressivste und frechste Mensch, den er kannte. Traf man jemanden, der genauso war wie man selbst, verstand man sich entweder auf Anhieb oder man hasste sich. Es war wohl Letzteres.

»Na, ein Süßholzraspler bist du auch nicht gerade.«

»Nein, aber so eingebildet bin ich auch nicht.«

Ruby konterte: »Wer ist hier frech? Wenn ihr vor den Typen wegrennt, warum hältst du dann jetzt nicht einfach die Klappe und haust auch ab?«

»Was ist, wenn du ein Bandit bist? Ach Mann. Warum haben wir dir nur geholfen?«

»Ich hätte es auch ohne deine Hilfe geschafft. Bei Alphonse sieht es aber anders aus. Danke!« Ruby schmollte, vielleicht weil sie von Edwards Grobheit genervt war, doch schließlich lächelte sie Alphonse an. Offensichtlich hatte dieser bei ihr einen Stein im Brett, da er die Initiative ergriffen hatte, ihr zu helfen. Edwards Laune wurde immer schlechter.

»Was denn? Ich habe dir auch geholfen. Du bist vielleicht eine Zimtzicke!«

»Und was bist du, Kindchen?« Ruby war offenbar genauso genervt. Wenn Blicke töten könnten ... Sie starrten sich böse an.

»Ich bin kein Kind!«

»Ach nein? So ein Zwerg wie du?«

»Du blöde Kuh!«

Beim Wort »Zwerg« lief Edwards Gesicht vor Wut lila an.

»Du traust dich vielleicht was! Du bist doch gar nicht so viel größer als ich!«

Edwards kleiner Wuchs war sein wunder Punkt. Er wollte ihr daher aus lauter Ärger einen Klaps auf den Hinterkopf verpassen. Es war eine ziemlich schnelle und präzise Bewegung, aber Ruby reagierte schneller als erwartet und schlug ihm die Hand weg.

»Aua!«

»Du musst mich nicht schonen, nur weil ich eine Frau bin.«

Alphonse war ehrlich beeindruckt von den beiden, die sich gegenseitig gespannt anstarrten. »Ich habe mich eben schon gefragt: Warum bist du denn so trainiert, Ruby?« Es gab wenige, die Edward als klein bezeichnen durften und keine Wunden davontrugen. Aber bei Ruby war es wohl kein Problem.

»Lass das, Ed. Ruby, der da ist mein großer Bruder. Er heißt Edward.«

»Dein Bruder? Wirklich?«

»Das hab ich doch gerade gesagt.«

»Na ja, ich dachte, du nennst deinen Kumpel so ... weil ...« Ruby sah zu Alphonse auf und dann zu Edward hinunter. Edward spürte, was Ruby sagen wollte, und blickte zurück.

»Wenn du noch mal was über meine Größe sagst, trete ich dir in den Arsch ...«

»Okay, mach ich nicht. Ich habe keine Lust, auf Kindern herumzuhacken.«

Ruby war nicht nur größer und verhielt sich erwachsener, sie war auch älter als er. Neben ihr sah Edward wirklich wie ein kleines Kind aus. Alphonse musste unwillkürlich lachen.

»So, Schnauze voll. Wir gehen, Al!«

Mit seinem Koffer unter dem Arm stapfte Edward in eine andere Richtung, aber Alphonse hielt ihn sanft an der Schulter fest.

»Wohin gehst du? Wir wollten nach Wisteria, weißt du?«, teilte Alphonse Ruby mit. »Hey, bist du zufällig aus Wisteria, Ruby?«

Ruby ließ von Edward ab und wandte sich Alphonse zu.

»Ja, bin ich.«

»Ed, das ist doch super! Endlich können wir Urlaub machen.«

»Nö.«

Alphonse hielt den grimmig dreinblickenden Edward immer noch fest.

»Na was denn? Ruby soll uns den Weg zeigen.« Er wandte sich an die junge Frau: »Wir müssen uns irgendwie verlaufen haben. Wir suchen Wisteria schon seit zweieinhalb Tagen ... Ist die Stadt weit weg von hier?«

Ruby schaute überrascht. »Zweieinhalb Tage? Ihr habt so lang gebraucht? Auf direktem Weg ist es doch nur ein Tag bis zur nächsten Stadt.«

»Echt jetzt?«

»Wir sind auf der Suche nach Schatten von Häusern hin und her gelaufen. Das hat sich dann wohl gerächt.« Edward und Alphonse seufzten tief.

»Schatten von Häusern ... Jetzt sag nicht, ihr seid hergereist, ohne zumindest das zu wissen.«

»Ähm, was denn?«

»In Ordnung. Ich führ euch hin. Kommt schon, die Stadt ist gleich hier.«

»Hä?«

Sie deutete auf einen öden Hang und Edward und Alphonse fragten gleichzeitig: »Wo denn?«

»Hier ist doch nichts ...?« Sosehr sie sich auch anstrengten, aber in der Richtung, in die Ruby zeigte, war nichts zu sehen. Es gab keine Städte, keine Menschen, nur sanft ansteigende Hügel.

Doch dann ertönte ein merkwürdiges Geräusch.

»Was ist denn das?«

»Fließendes Wasser?«

Als sie den Hang hinaufstiegen, wurde das Geräusch lauter.

»Wir sind da«, rief Ruby zu ihnen zurück. Sie war einige Schritte vorausgelaufen.

»Das ist Wisteria.« Sie stand auf einem sanften Hügel und zeigte nach vorn. Edward und Alphonse erklommen ebenfalls den Hügel und staunten über den Anblick, der sich ihnen nun bot.

»Oha.«

»Wow ...«

Das Land war immer noch öd und braun. Auch einige Felsen lagen hier verstreut und der Wind wirbelte den Sand auf, sodass der Himmel gelb und dunstig war. Alles wie gehabt. Nur ... klaffte da ein riesiges Loch.

Und tief hinunter zu seinem Grund führte eine steile Felswand. Die Sonne schien noch auf das Land, auf dem die drei standen, aber in den sich ausbreitenden Schatten schloss sich das Loch bereits. Sie waren zu einer dunklen Schicht geworden und begannen, das Loch zu verdecken.

»Das ist Wisteria ...«

Unterhalb des riesigen Lochs erstreckte sich eine Stadt. Ein Wasserstrom, der an einer Seite aus der Felswand entsprang, durchfloss das nahezu ovale Loch und mündete in einen Kanal, bis er an der gegenüberliegenden Seite wieder unterirdisch verschwand. Häuser reihten sich entlang des Kanalufers, wobei das größte gleich am Wehr stand. In der Nähe befanden sich auch rechteckige Blöcke, die wie Fabriken aussahen, und sogar ein riesiger Schmelzofen mit einem Kuppeldach. Es gab auch Felder, auf denen Gemüse und Obst angebaut wurden, und Menschen trugen in Körben landwirtschaftliche Erzeugnisse herum. Der Wind frischte auf und trug das Rauschen des Wassers und den Fabriklärm zu ihnen herauf.

»Wow«, rief Edward voller Bewunderung aus. Wisteria lag da wie eine Oase, die plötzlich in der Wüste auftauchte.

»Wer hätte gedacht, dass Wisteria in einem Loch liegt?«

»Ja. Jetzt verstehe ich auch, warum es so schwierig ist, reinzukommen.« Auch Alphonse war beeindruckt.

»Und mir ist nun klar, was die Banditen davon abgehalten hat, einfach einzudringen.«

»Es gibt nur einen Eingang.«

Ruby ging am Rand des Abgrunds entlang. Ein Stück vor ihnen standen zwei kräftige Männer mit Gewehren.

»Dort gibt es Stufen in der Felswand und man kann hinuntergehen. Das ist der einzige Weg.«

»Was ist denn mit der anderen Seite des Abgrunds? Kann man denn da drüben nicht auch hinunterklettern?« Edward spähte auf die gegenüberliegende Seite des Lochs.

»Dort drüben ist es noch schwieriger als hier. Es gibt unzählige Risse und Spalten, die sich bis ins Tal hinunterziehen, und auch viele kleine Löcher. Es muss daher nur eine Seite bewacht werden. Die Typen von vorhin trauen sich nie in Schussweite.«

Das war vermutlich der Grund, warum die Halunken die Verfolgung aufgegeben hatten. Zwei Felsen flankierten den Eingang, eine Schranke versperrte den Weg. Zwei bewaffnete Männer standen Wache.

»Ich verstehe, das ist also eine natürliche Festung. Dürfen wir eigentlich rein? Wir haben gehört, dass es bei euch ›Einreisebedingungen‹ gibt.«

»Das stimmt, aber immerhin habt ihr mir das Leben gerettet. Ich kann euch nach dem Gesetz der Stadt mit hineinnehmen. Ich möchte mich bei euch erkenntlich zeigen.«

»Dem Gesetz der Stadt?«

»Genau.« Ruby nickte fröhlich und ging durch den Eingang voraus, um sie auf den Grund des Lochs zu führen.

Kapitel 2

Das Paradies auf dem Grund der Schlucht

Die Absätze in der Felswand waren mit einer Holzstiege verstärkt worden. Als Edward und Alphonse diese bis in die Stadt hinuntergeklettert waren, war bereits die Nacht hereingebrochen.

»Wow ...!«

»Wahnsinn!«

Von oben hatte man den Eindruck, die Stadt sei ein dunkler Fleck tief im Bauch der Erde, aber durch die veränderte Perspektive wirkte es auf einmal, als würde sie sich weit in den Himmel ausbreiten. Die hohen Felswände, die die Stadt umgaben, blendeten alles aus und nur in der Mitte öffnete sich ein ovales Fenster zum Firmament.

Der glitzernde Sternenhimmel, den man von dort aus sehen konnte, schien jeden Moment auf sie herunterregnen zu können.

»Oh Mann, das ist krass.« Edward starrte überwältigt in den Himmel. So etwas hatte er noch nie gesehen.

»Machst du den Mund auch mal wieder zu? Pass nur auf, dass das nicht so bleibt.« So von Ruby ausgelacht, klappte Edward hastig den Mund zu, der ihm beim Anblick der Felswand offen stehen geblieben war.

»Musst du immer so viel meckern?«

»Ach Mann, geht das jetzt schon wieder los?« Aber Alphonse lachte und folgte Ruby.

»Menno. Was für 'ne freche Göre.«

Edward ließ die Gelegenheit nicht aus, Ruby das unter die Nase zu reiben, was er normalerweise über sich selbst zu hören bekam.

Ruby führte sie durch die Stadt.

»Wenn ihr vom Eingang hier nach rechts schaut, seht ihr gleich das Haus von Herrn Raygen, dem Oberhaupt dieser Stadt.« Ruby zeigte auf eine große weiße Villa. Im Vergleich zu den anderen Häusern in der Stadt war nicht nur das Gebäude wesentlich größer als die anderen, sondern auch das gesamte Grundstück war weitläufiger.

»Hinter dem Haus gibt es ein Wehr. Von dort aus wird der Wasserfluss reguliert und in den Kanal geleitet, der durch das Stadtzentrum verläuft.«

Hinter der Villa schmiegte sich eine weiße Mauer eng an die Felswand. Das musste das besagte Wehr zur Regulierung des Wasserzuflusses sein.

»Was ist denn mit dem Wasser, das nicht in den Kanal fließt?«

»Unter dem Herrenhaus gibt es einen Überlaufkanal. Das überschüssige Wasser kann da abfließen. Die unter- und die überirdischen Kanäle fließen wieder zusammen, sobald sie aus der Stadt wieder draußen sind«, erklärte Ruby ihnen mit einer ausladenden Geste.

Edward bemerkte in der flussabwärts gelegenen Felswand einen Spalt. Offenbar zog er sich senkrecht vom Boden bis zum Grund, sodass das Wasser mit der Erde zusammenfloss und direkt wieder durch die unterirdischen Wasseradern strömte. In Wisteria wurden die von der Natur geschaffenen Risse und die Flüsse gut genutzt.

»Gab es flussaufwärts nicht auch ein paar Bergwerke?« Anhand der funkelnden Sterne prüfte Edward die Himmelsrichtung und verglich sie vor seinem inneren Auge mit der Karte, die er sich eingeprägt hatte.

»Ja, genau. Unter dem Kies und dem Gestein, das in den Erzadern in der Tiefe abgebaut wird, finden sich auch allerlei Mineralien und Edelsteine. Normalerweise liegt das alles tief in der Erde vergraben, aber bei uns in Wisteria kommt es an die Oberfläche. In der Stadt wird das dann weiterverarbeitet und ist für uns eine gute Einnahmequelle ... und das, worauf diese Gauner aus sind!«

»Wie bringt ihr denn das alles nach draußen?«

Ruby warf sich in die Brust. »Dafür bin ich zuständig.«

»Du, Ruby?«

»Einmal im Monat wird ein Transport aus der Stadt hinaus organisiert. Klar liegen draußen diese Banditen auf der Lauer. Daher begleite ich den Transport als Security. Ansonsten sorge ich in der Stadt für Sicherheit.«

»Deshalb bist du also so stark«, meinte Alphonse anerkennend.

»Stark? Starrk...öpfig trifft's eher«, grummelte Edward.

»Aber, aber Ed ...« Alphonse starrte Edward an. »Security? Das muss doch schwer sein für ein Mädchen.«

Aber Ruby lachte, als sei es keine große Sache.

»Ich will nur Herrn Raygen helfen. Er ist ja so ein netter Mann. Er hilft denen, die keine Familie haben oder nirgendwo hinkönnen, und gibt ihnen Arbeit. Dank ihm können hier alle glücklich und zufrieden leben, und ich bin eben eine davon. Um mich dafür zu revanchieren, dass er mir geholfen hat, als ich klein war, arbeite ich jetzt für die Stadt und Herrn Raygen als Security. Dank Herrn Raygen habe ich ein ganz neues Leben kennengelernt. Das hier ist wirklich ein Paradies. Es ist ein bisschen unpraktisch, dass wir keinen Strom haben, aber wir behelfen uns mit Petroleumlampen. Schau, die Straßenbeleuchtung wird gerade angemacht.«

Ruby zeigte auf jemanden, der über einen langen Stock mit einer Flamme am Ende eine Straßenlampe nach der anderen anzündete. Und schon sah die Stadt, die tief in diesem Loch einen so düsteren Eindruck gemacht hatte, etwas heller und freundlicher aus.

»Ein Paradies in der Einöde, was?« Edward war geblendet, als er sich in der schummrigen Siedlung umsah.

Beim Spaziergang durch die Stadt trafen sie schließlich auf einige Männer, die an der Straße saßen.

»Hey Ruby! Du bist wieder da!«

»Hast wieder einen guten Job gemacht, Ruby!« Die Männer winkten ihnen zu.

»Habt ihr Pause?«, rief Ruby zurück und winkte ebenfalls.

»Jupp. Heute sind große Edelsteine zum Vorschein gekommen. Richtig dicke Brummer. Die werden jetzt von den andern in der Stadt weiterbearbeitet.«

»Sie werden sich prima verkaufen lassen.«

»Die Pause heute haben wir auch genutzt, um in den neuen Feldern Erde aufzuschütten. Siehst du, drum bin ich heute ganz besonders dreckig!«

»Ach komm, wann bist du mal nicht voll Schlamm!«

Die Männer lachten fröhlich und strichen sich heiter über ihre schmutzige Kleidung. Ihre Gesichter waren verdreckt, aber sie zeigten auch, dass die Männer ihre Arbeit gern taten.

Sie sprachen Edward und Alphonse ohne Argwohn an: »Also euch haben wir hier noch nie gesehen.«

»Hast du da eine Rüstung an? Ist ja cool!«

»Hallo!«

Alphonse war schon oft gefragt worden, warum er in so einem Aufzug daherkam, aber »cool« hatte ihn noch nie jemand genannt. Neben Alphonse, dem das Ganze peinlich war, betrachtete ein anderer Mann mit Interesse Edwards rechten Arm.

»Deine Automails sind ja klasse. Du bist also einer von uns.« Der Mann lächelte und zeigte Edward seine Arme. »Ich habe auch welche. So bleibe ich selbst bei gefährlicheren Arbeiten verletzungsfrei und kann Jobs annehmen, die andere nicht mehr machen können. Unter den Armeefritzen hatte ich eine schreckliche Zeit, aber seit ich in dieser Stadt lebe, bin ich für meine Arme echt dankbar.«

Er erklärte nicht, wie er zu den Prothesen gekommen war, aber er war offensichtlich stolz darauf. Der Mann klopfte sich auf die Arme und es klirrte.

»Die sind super. Die muss man bestmöglich einsetzen. Es ist nicht wie in der Welt da oben, wo man arbeitet und arbeitet, aber doch nie auf einen grünen Zweig kommt. Hier lohnt es sich, wenn man sich anstrengt.«

»Stimmt genau. Das ist doch ein gutes Motto der Stadt.«

»Was für ein Motto?« Edward war neugierig geworden und Ruby setzte gerade zu einer Erklärung an, als einer der Männer auf den Weg vor ihnen zeigte.

»Oh übrigens, Herr Raygen war vorhin hier. Es gibt drei neue Leute, die sich hier niederlassen wollen. Wir waren gerade dabei, das zu diskutieren.«

Ein Strahlen erschien auf Rubys Gesicht, als sie das hörte.

»Hä? Raygen, wer?« Aber Ruby war schon losgerannt, ohne Edwards Frage zu beantworten.

»Raygen, war das nicht der Bürgermeister hier?«

»Ich wär schon neugierig zu erfahren, was das für einer ist.«

Edward und Alphonse rannten Ruby bis zu einem Platz im Stadtzentrum nach.

»Herr Raygen!« Ruby lief auf einen Mann zu, der auf dem Platz in ein Gespräch mit mehreren Personen vertieft war.

»Ihr versiegeltes Schreiben ist sicher in der Nachbarstadt zugestellt, Herr Raygen! Hier ist die Empfangsbestätigung.«

»Ach, Ruby. Da bist du ja wieder.«

Ein älterer Mann drehte sich um. Er hatte schulterlanges, silbriges Haar und ein von Falten zerfurchtes Gesicht. Er musste über sechzig Jahre alt sein. Der Mann lächelte Ruby mit blauen Augen an und streckte die Hand aus, um die Zustellbescheinigung in Empfang zu nehmen.

»Zuverlässig wie immer. Danke dir. Und dabei hab ich dich diesmal für was Privates in Anspruch genommen.« Seine Stimme war tief und heiser, aber nicht unsympathisch.

»Das ist doch ein Briefwechsel mit Ihrem alten Freund, stimmt's? Es freut mich, wenn ich etwas für Sie tun kann.«

Ruby lächelte – vielleicht freute sie sich über Raygens Lob – und man sah ihr an, wie stolz sie darauf war, ihm geholfen zu haben. Edward beobachtete das und raunte Alphonse zu: »Ist das dieselbe Ruby wie vorher? Jetzt ist sie ja gar nicht mehr so ein Großmaul.«

»Ha, ha.«

Anders als zu Edward, dem sie ja offensichtlich gern verbal Hiebe verpasste, sprach Ruby nun höflich und Alphonse konnte sich das Kichern nicht verkneifen.

Raygen, der sich bei Ruby bedankte, schenkte nun auch Edward und Alphonse ein sanftes Lächeln.

»Oh. Möchten die zwei auch zu uns?«

»Die beiden ... ähm, ja ...« Ruby stellte die Brüder hastig vor. »Sie haben mich eben vor ein paar Banditen außerhalb der Stadt gerettet. Daher wollte ich mich erkenntlich zeigen ... Sie sagen, sie sind nicht hergekommen, um zu bleiben ...«

Edward fiel auf, dass Raygen Ruby zwar nicht direkt ansah – er hielt den Blick nach oben gerichtet –, sie jedoch verstohlen beobachtete.

»Dürfen wir denn gar nicht rein?«, fragte Edward überrascht. Er dachte an den Hausierer, den sie getroffen hatten, bevor sie in die Stadt gekommen waren. Der hatte sie ja schon vorgewarnt, dass sich die Stadt die Leute aussuchte, die sie betreten durften. Aber Raygen schüttelte bedächtig den Kopf.

»Nein, nein, passt schon. Wir achten zwar schon sehr darauf, wen wir in die Stadt lassen, und heißen nicht jeden willkommen, aber ihr habt Ruby das Leben gerettet. Es ist bei uns Gesetz, einen Wohltäter mitzubringen. Ihr dürft euch hier von eurer Reise erholen.«

»Gesetz?«, fragte Edward nach.

»Ja, genau.« Raygen wandte sich Edward zu und fuhr ruhig fort: »Bei uns in Wisteria basiert alles auf dem Prinzip des Äquivalenten Tauschs.«

»Des Äquivalenten Tauschs?« Edward und Alphonse waren überrascht, von ihm etwas zu hören, das ihnen als Alchemisten so geläufig war. Der Äquivalente Tausch war die Grundlage aller Alchemie. Es war ein Begriff, der in der Alchemie oft Anwendung fand, das Gesetz der Massenerhaltung und die Gesetze der Physik aufgriff, aber ihnen war nie in den Sinn gekommen, dass er auch als Grundlage für die Gesetzgebung einer Stadt dienen könne.

»Ihr Stadtrecht basiert auf dem Äquivalenten Tausch? Das ist aber eine seltene Auffassung.« Als ihm Alphonse so ehrlich seine Meinung sagte, ließ Raygen den Blick über die Stadt schweifen und sein sanftes Lächeln wurde etwas traurig.

»Ja. Wie du schon sagst, das ist wohl selten. So wie es einen Preis für eine Person gibt, hat alles in dieser Welt einen angemessenen Preis. Aber was ist mit der Welt da oben? Durch die Kämpfe in den Bürgerkriegen haben viele Menschen Angehörige verloren oder sind selbst kriegsversehrt. Das war der Preis für den Frieden. Das ist keine gerechte Entlohnung derjenigen, die um den Preis der Entwicklung der Wirtschaft gearbeitet haben. Es ist so vieles derart absurd auf dieser Welt.« In Raygens Tonfall lag eine leise Wut, vielleicht wegen des Gedankens an die Welt an der Oberfläche.

»Manche verzweifeln und glauben, diese Absurdität sei ihre Schuld, weil sie denken, es liege an ihrer eigenen Unfähigkeit, das zu erledigen, was ihnen aufgetragen worden ist. Meine Erfahrung mit der Alchemie hat mir aber die Wunder des Äquivalenten Tauschs nahegebracht und ich möchte weitergeben, was ich gelernt habe. Auf diese Weise möchte ich den Bewohnern der

Stadt das Leben angenehmer machen und ihnen neue Hoffnung schenken.«

»Na, als Alchemist kannst du das doch gut verstehen, Edward. Also den Äquivalenten Tausch. So viel verstehst du doch, oder?« Ruby stupste Edward an die Schulter. Beim Kampf mit den Banditen hatte sie beobachtet, dass Edward Alchemie verwendet hatte.

Als Raygen das hörte, weiteten sich seine Augen ein wenig. »Du bist ein Alchemist?«

»Ja, ähm, also, irgendwie ...« Edward war nicht sicher, was er sagen sollte. Sie waren erst ganz kurz in der Stadt, aber trotzdem war ihnen mehr als klar geworden, dass die Bewohner von Wisteria nicht gut auf die Armee zu sprechen waren. Als Angehörige des Militärs wären sie ganz sicher nicht willkommen. Und nur nebenbei, warum sollte es einen Staatsalchemisten überhaupt hierher verschlagen? Wenn das bekannt wurde, dann käme auch heraus, dass sich Roy erfolgreich vor der Inspektion gedrückt hatte und Edward sie an dessen Stelle durchführte. Von Roy wäre hier keinerlei Unterstützung zu erwarten. Er würde nur wieder sagen: »Ich hab dir doch gesagt, dass du die Klappe halten sollst!«

Wie auch immer, man konnte Probleme erwarten, und es war frustrierend, dass ihn Roy mit dieser Masche immer wieder herumkommandierte.

Dies zeichnete sich wohl auch auf Edwards Gesicht ab. So verzweifelt, wie er vor sich hin stotterte, musste Raygen ja den Eindruck bekommen, Edward sei lediglich ein Kind, das von Alchemie nur wenig verstand und auch nicht viel über die Bedeutung des Äquivalenten Tauschs wusste.

»Der Äquivalente Tausch sagt dir doch was, oder?«, fragte Raygen Edward so langsam und betont, als rede er mit einem Fünfjährigen.

»Hm. Na ja ...« Auch wenn er sich innerlich darüber ärgerte, wie ein Kind von oben herab behandelt zu werden, sah Edward zu Alphonse und bedeutete ihm zu schweigen. Das war sicher besser, als gleich wegen irgendeines falschen Satzes hinausgeschmissen zu werden, bevor sie überhaupt die Gelegenheit bekämen herauszufinden, was in der Stadt vor sich ging.

Raygen fuhr oberlehrerhaft fort: »In meinem Studium der Alchemie erkannte ich die Lehren des Äquivalenten Tauschs als den einfachsten Weg für uns Menschen, ein gerechtes Leben zu führen. Wenn du arbeitest, bekommst du so viel, wie du geleistet hast. Leistest du mehr, bekommst du auch mehr. Das ist eine gerechte Behandlung, die auf der Welt oben nie erreicht werden kann. Ich will damit zuerst diejenigen retten, die unfair behandelt worden sind und darunter leiden. Auch du als Alchemistenkollege kannst über die Bedeutung des Äquivalenten Tauschs in dieser Stadt nachdenken.«

Raygen streckte sich und drehte sich zu den drei Leuten um, mit denen er vor Edwards Ankunft gesprochen hatte.

»Deshalb geht es in unserer Stadt darum, diejenigen, die in der Vergangenheit schmerzhafte Erfahrungen machen mussten, mit einem neuen Regelwerk zu retten. Nur wer diese Bedingung erfüllt, darf herein. Versteht ihr das?«

Die so Angesprochenen sahen einander an. Es musste sich um die Neuankömmlinge handeln, die in der Stadt Fuß fassen wollten: Es handelte sich um einen dünnen Mann, der aussah, als würde er gleich zusammenbrechen. Dann vermutlich ein Händler, denn er hatte einen kaputten Rollkoffer bei sich, vollgestopft mit allerlei Waren. Der dritte war ein Mann in Reisekleidung mit einem Wanderstock.

Der Mann, der wie ein Händler aussah, antwortete grimmig: »Im Klartext: Ein Händler wie ich ist hier nicht willkommen.«

»Tut mir leid. Wir können es uns nicht leisten, jemanden aufzunehmen, der irgendwo ein Zuhause hat. Wegen der besonderen Lage dieses Ortes haben wir nicht viel Platz. Und was führt dich hierher?« Raygen sprach den Mann in Reisekleidung an.

»Ich habe gehört, Wisteria soll ein Paradies sein, also dachte ich, dass es hier vielleicht ein paar lukrative Jobs für mich gibt ...«

Der Mann nahm seine Kapuze ab.

»Hast du eine Familie?«

»Ich habe eine Frau ...«

»Dann geh zu ihr zurück. Wenn du eine Frau hast, die auf dich wartet, solltest du mit ihr zusammenleben. Oder irre ich mich?«

»Äh, nein ...«

»Du brauchst Wisterias Hilfe nicht. Deine Frau wird dich unterstützen.«

Als er den Mann so ermahnt hatte, wandte sich Raygen an den nächsten: »Was ist mit dir?«

»Ich habe mein Haus und meine Familie im Bürgerkrieg verloren ... aber die Armee hat nichts getan ... Ich dachte, die Welt sei schlecht ... Dann habe ich von dieser Stadt gehört und bin hierhergekommen ...«

Bei seiner Antwort traute sich der Mann kaum, Raygen direkt ins Gesicht zu schauen. Raygen bedachte den Mann, der so ängstlich zu ihm sprach, mit einem warmherzigen Blick.

»Du kannst nirgendwohin zurückkehren. Dann darfst du hierbleiben. Wir geben dir Arbeit.«

»Aber ... ähm ...«

»Was denn?«

Der Mann zog den Kopf ein und druckste herum, als würde er nur noch immer mehr Angst bekommen.

»Ich ... nun ... in meinem alten Job haben meine Kameraden mir mein ganzes Geld weggenommen, das ich verdient hatte, und ich habe einfach die Beherrschung verloren ...«

Raygens Hand hielt den Mann sanft zurück. »Du kannst nirgendwohin zurück. Das ist Grund genug.«

»Hey, warte! Was, wenn das ein Verbrecher ist? Warum darf der Kerl rein und ich nicht? In der Annahme, hier Geld verdienen zu können, bin ich den ganzen Weg hergekommen und habe dabei fast meine Waren kaputt gemacht«, echauffierte sich der Kaufmann. »Es wissen so viele um den Reichtum dieser Stadt und sind hinter ihm her! Wenn ihr euch nicht öffnet, kommen eben irgendwann die Banditen und rauben euch aus. Schluss mit der Heuchelei!«

»Ist das eine Drohung?!« Ruby zog bei den Worten des Händlers die Augenbrauen hoch. »Du hast doch keine Ahnung, wovon du redest! Es ist die Welt da oben, die voller Heuchler ist. Das Militär ruft einerseits zum Frieden auf und stürzt zugleich so viele Menschen ins Unglück. Das ist Heuchelei! Herr Raygen hilft denen, die darauf reingefallen sind! Ich werde ihm dafür ewig dankbar sein! Wenn Banditen kommen, schütze ich Sie mit Leib und Leben!«

»Ruby, lass gut sein.« Raygen hielt die junge Frau an der Schulter zurück, als sie sich gerade wütend auf den Kaufmann stürzen wollte.

»Aber Herr Raygen!«

»Du bist immer so heißblütig, Ruby. Ich mache mir Sorgen um den Mann, mit dem du mal dein Leben teilst.«

»Auch in der Zukunft werde ich Ihnen stets zu Diensten sein. Ich habe nicht vergessen, was Sie für uns getan haben.«

»Ach was.« Raygen lachte und klang dabei noch sanfter als bei seinem vorigen Gespräch mit Edward und Alphonse. »Ich befürchte, dass du sogar deinen zukünftigen Partner verschreckst, wenn du dich nicht änderst. Ich möchte doch nur dich und die andern hier, die es schwer hatten, bevor sie hierherkamen, in Wisteria glücklich sehen«, sagte Raygen und streckte die Hand nach dem mit Waren beladenen Koffer aus.

An seinem Handgelenk bemerkten Edward und Alphonse ein Tuch mit einem Transformationskreis.

»Der Weg hierher war sicher beschwerlich. Du wusstest ja nicht, worum es in Wisteria wirklich geht. Die da draußen tratschen immer nur über unsere Reichtümer. Du hast das geglaubt und nun jedes Recht, wütend zu sein. Ich will wenigstens das hier in Ordnung bringen.«

Ein Lichtschein umhüllte den Koffer.

»Oh.« Der Mann stieß einen kleinen Schrei aus. Als Raygen die Hand zurückzog, war das kaputte Rad am Koffer wieder ganz.

»Wir nehmen nur diejenigen auf, die das Glück im Stich gelassen hat. Bitte versteht das.« Raygen rief einen Wachmann, der die Männer hinausbegleitete, die nicht in die Stadt aufgenommen wurden, und übergab den, der bleiben durfte, einer weiteren Wache. Dann wandte er sich an Edward und Alphonse: »Verzeiht, dass ich so viel von eurer Zeit in Anspruch genommen habe. Nun denn, entspannt euch und macht euch in Wisteria eine schöne Zeit. Wir sind euch wegen Ruby einen Gefallen schuldig, daher macht euch keine Sorgen um Essen und Geld, sondern lasst es euch einfach gut gehen.«

Raygen machte auf dem Absatz kehrt und ging langsam auf sein Anwesen zu. Edward und Alphonse wurden hingegen zu einer Hütte in der Nähe des Kanals gebracht, flussabwärts vom Stadtzentrum. Hier gab es Regale, Betten und auch Licht, als habe dort früher einmal jemand gewohnt.

»Die Schenke liegt direkt in der Stadtmitte da vorn rechts. Mit dem Eimer draußen könnt ihr Wasser holen.«

Ruby zündete eine Lampe an.

»Und? Was sagt ihr? Was haltet ihr von Herrn Raygen, jetzt, wo ihr ihn getroffen habt?« Man hörte ihrer Stimme an, wie sehr sie den Mann verehrte und loben wollte, und wie überzeugt sie war, dass er das Lob verdient hatte. »Er ist so ein unglaublich netter Mensch, der einfach die Initiative ergreift, um anderen in Not zu helfen.«

»Es ist nicht so einfach, jemandem einen Platz zu geben, der nirgendwohin kann, oder?« Edward und Alphonse warfen sich einen bedeutungsvollen Blick zu. Direkt beeindruckt waren sie nicht. Es verstieß immerhin gegen das Gesetz, jemandem zu helfen, der so offensichtlich ein Verbrecher war, und einfach die Augen vor allem zu verschließen, was er getan haben mochte. Aber auch sie hatten gespürt, was Raygen so am Herzen lag. Ruby war hocherfreut, das zu hören, und klatschte vor Freude in die Hände.

»Genau, oder? Er ist so ein wunderbarer Mann! Herr Raygen macht das, was sonst niemand auf der Welt geschafft hat: Er stellt alle gleich. In der Welt da oben wird so viel gestohlen, veruntreut und bestochen, und die Folgen für die Menschen sind Arbeitslosigkeit, Angst und Chaos. Aber hier gibt es eine klare Regel: den Äquivalenten Tausch. So können wir alle schwierigen Aufgaben bewältigen und unser Bestes geben. So schwer ist das ja gar nicht, aber Herr Raygen hat vollbracht, was die vom Militär kontrollierte Welt nicht konnte.«

Ihrem Tonfall war deutlich zu entnehmen, wie sehr Ruby Raygen schätzte.

»Du musst eine Menge Respekt vor ihm haben.«

»Ja, ich habe versprochen, für euch da zu sein, um euch zu helfen. Also ...« Ruby sprach plötzlich leiser. Sie senkte den Blick, trat von einem Bein aufs andere und schaute zwischen Alphonse und Edward hin und her.

»Was ist?«

Was wollte sie ihm denn nun schon wieder an den Kopf werfen? Edward bereitete sich innerlich schon auf einen Konter vor, aber Ruby gab keine weitere Frechheit von sich.

»Heute ... nun ... danke, dass ihr mir geholfen habt.« Das kam Ruby nur zäh über die Lippen. »Ich habe mir geschworen, immer bei Herrn Raygen zu bleiben. Nur wenn ich so wie heute auf dem Heimweg von einem Auftrag mal wieder von Räubern überfallen werde und mein Leben verlieren sollte, wäre ich nicht mehr an seiner Seite. Ich könnte es nicht ertragen zu sterben, ohne meine Ziele erfüllt zu haben.«

In Rubys Augen stand der unerschütterliche Wille, der Person zu folgen, die sie sich auserkoren hatte.

»Ich weiß, ich habe es vorhin zwar schon gesagt, aber ich bin wirklich sehr dankbar, dass ihr mir das Leben gerettet habt. Sollte ich umkommen, bevor ich meine Vorsätze erreichen kann ... Grauenhafte Vorstellung.«

»Ach komm ... Wozu so förmlich? Wie es der Zufall wollte, haben wir dir geholfen, und im Gegenzug hast du uns unterstützt und uns in die Stadt mitgenommen. Wir haben also in der Not einander beigestanden.«

Als er Ruby so ernsthaft reden hörte, winkte Alphonse schnell ab und bat auch Edward um seine Zustimmung, wobei er seine Worte sorgfältig wählte, um Ruby nicht zu beunruhigen.

»Das sagst du doch auch, Ed!«

»Mhm.« Edward nickte nachdrücklich. »Aber mich macht es vor allem krank, dich so förmlich reden zu hören.«

»Was soll das denn wieder heißen?« Reflexartig riss Ruby ihre Faust in die Höhe, aber Edward war schon längst außer Reichweite.

»Ja, geht's noch? Wenn du wirklich dankbar wärst, holst du doch nicht aus, um mir eine reinzuhauen!«

»Aber du provozierst mich doch!«

»Das habe ich absichtlich gesagt, weil ich wissen wollte, ob es dir wirklich nichts ausmacht.«

»Hättest du das nicht rücksichtsvoller formulieren können?«

Alphonse schritt ein, damit der Streit nicht wieder eskalierte.

»Ruhig Blut, alles gut ... Übrigens, was machst du denn jetzt, Ruby?«

»Ich muss bald zum Wachwechsel, also werde ich euch nun verlassen.« Ruby zeigte nach oben. Vor dem blauen Nachthimmel rechts und links oberhalb der Steilwand patrouillierten Wachen. Gelegentlich hielt dort oben einer eine Waffe hoch, um zu zeigen, dass er die Räuber, die es auf Wisteria abgesehen haben könnten, im Auge behielt.

»Also, ich geh dann mal.«

»Okay. Danke für alles.«

Alphonse winkte ihr zum Abschied zu und Ruby lächelte zurück. »Bis dann, Alphonse.«

Edward blickte Ruby fuchsteufelswild hinterher, die sich so demonstrativ nur von Alphonse verabschiedet hatte.

»Ach Mann, Ed ... jetzt komm schon ...« Peinlich berührt drehte sich Alphonse zu dem Haus um, in dem sie nun Quartier bezogen. »Na, trotzdem haben wir Glück gehabt. Sieht so aus, als könnten wir über Nacht hierbleiben. Wie geht's jetzt weiter? Fangen wir mit unserer Inspektion an? Oder brauchst du eine Pause?«

»Der Herr Oberst ist so eine Nervensäge, daher als Erstes die Inspektion! In der Schenke!!«

Edward grinste. Wie zur Bestätigung knurrte sein Magen. Alphonse und Edward lachten über das perfekte Timing. Sie ließen ihr Gepäck stehen und gingen zu einem Gasthaus in der Nähe des zentralen Platzes. Die besagte Schenke war ziemlich groß; im ganzen Raum standen Tische und an allen saßen Männer beim Essen.

»Willkommen.« Eine Frau um die vierzig kam zu Edward und Alphonse, die in der Nähe des Eingangs Platz genommen hatten.

»Ich habe es schon von Herrn Raygen gehört: Weil ihr Ruby das Leben gerettet habt, soll ich euch alles bringen, was ihr wollt. Was darf's denn sein?« Lächelnd reichte die Wirtin Edward die Speisekarte.

»Aber wir können doch nicht einfach …« Edward zögerte. Doch die Wirtin zeigte wieder auf die Speisekarte.

»In dieser Stadt funktioniert alles nach dem Äquivalenten Tausch. Ihr habt einem von uns etwas Gutes getan, daher nur keine Scheu! Sagt, was ihr essen wollt.« Da er hungrig war, beschloss Edward, sich nicht weiter zu zieren und sich etwas Gutes zu gönnen.

»Na, dann nehme ich eine Gemüsesuppe mit Kartoffeln, Lammbraten und Kaffee, bitte.«

»Sehr gern.« Die Wirtin notierte sich Edwards Bestellung und wandte sich dann an Alphonse: »Und Sie?«

»Vielen Dank, aber ich habe keinen Hunger.«

»Wirklich? Na, sagen Sie einfach Bescheid«, erwiderte die Frau freundlich und ging. Alphonse erkundigte sich neugierig bei seinem Bruder: »Na, heute isst du vielleicht wenig! Sieht dir gar nicht ähnlich.«

»Schon gut …« Edward beugte sich leicht vor und flüsterte Alphonse zu: »Stell dir vor, die bitten uns nachher doch zur Kasse!

Dann ist wieder die Kacke am Dampfen. Deshalb habe ich nur so viel bestellt, wie ich noch in meinem Portemonnaie habe.«

»Ah, kapiert.« Alphonse gluckste.

»In Wisteria gibt es offensichtlich keine Bank.«

»Stimmt genau. Müssten wir die Zeche prellen, wird es bei diesen Felswänden eine Herausforderung, abzuhauen.«

»Vom letzten Mal hast du echt ein Trauma weg.« Alphonse lachte belustigt auf und Edward blickte grimmig drein. »Ich beschwer mich dann später bei dem Schuldigen, sagte er theatralisch, und nach einem Seitenblick auf Alphonse prusteten beide los.

Schließlich kam die Frau mit den Kartoffeln und der Gemüsesuppe. Edward tauchte sein Gesicht in den Dampf und schaufelte genüsslich sein Essen hinein.

»Die Kartoffeln habe ich angebaut!«, erklang eine Stimme aus der Dunkelheit. In der Nähe saß ein Mann mit einem Glas Wein in der Hand. »Sie sind ganz gut geworden, obwohl sie hier so wenig Sonne abkriegen. Wie schmecken sie dir denn?«

»Echt lecker.« Edward mampfte weiter vor sich hin, als der Mann plötzlich freudig in die Hände klatschte.

»Ja, oder? Man muss schließlich gut essen, um bei Kräften zu bleiben! Wenn einen die Kraft verlässt, kann man nicht mehr hart arbeiten. Du solltest auch was essen.«

Jemand, der schweigend dasaß, tätschelte Alphonse am Arm. Die anderen Männer sprachen freundlich mit Edward.

»Ja, genau. Wir leisten alle unsern Beitrag, um Herrn Raygen dabei zu unterstützen, diese Welt zu schaffen.«

»Wer gut arbeiten soll, muss gut essen. Wer nicht arbeiten kann, kann auch nichts verdienen. Und wenn kein Geld verdient wird, ist es mit der Stadt vorbei.«

»Schaut mal, so isst unser Topverdiener in Wisteria!« sagte ein Mann zu Edward und Alphonse und zeigte auf jemanden, der an einem der anderen Tische ein Brathähnchen aß. Die Person war muskulös und sah aus wie einer, der gut für harte Arbeit taugte.

»Du, Neil!«, rief ihn jemand.

»Hmm?« Der Mann, den sie Neil gerufen hatten, spülte das Hähnchen mit einem Schluck Wein hinunter und drehte den Kopf in Richtung Edward und Alphonse.

»Oh, die beiden, die Ruby das Leben gerettet haben? Ruby hat es mir gesagt. Sie war sehr dankbar.« Neil schlenderte mit seinem Wein zum Tisch der Elrics hinüber, zog sich einen Stuhl heran und setzte sich zu ihnen. Edward musste nun wieder an Ruby denken – wie sie sich vorher bedankt hatte und trotzdem so anmaßend geblieben war. Zweifelnd legte er den Kopf schief: »Dankbar, aha ...«

Angesichts Edwards Begeisterung lachte Neil laut auf. »Ha, ha, sie ist so eine Rabaukin. Aber sie hat sich mehr als jeder andere bemüht, Herrn Raygen zu helfen. Sie hat sich sogar freiwillig zum Sicherheitsdienst gemeldet, obwohl sie eine Frau ist. Und jetzt kann es keiner mehr mit ihr aufnehmen.«

»Sie ist Herrn Raygen ja wirklich zutiefst ergeben, oder?«

»Herr Raygen hat ihr ja mal sehr geholfen. Na ja, das trifft hier eigentlich auf uns alle zu.« Neil krempelte seine Hose hoch und zeigte seine Knöchel. Er hatte an beiden Beinen die gleichen Prothesen wie Edward.

»Im Bürgerkrieg habe ich von den Soldaten eine verirrte Kugel abgekriegt und das ist passiert. Ich habe meine ganze Familie verloren, aber die Armee hat gar nichts getan. Für sie war ich nur ein ›Kollateralschaden‹ bei der Unterdrückung eines Aufstands. Ich war deprimiert und hasste die Welt, aber dann gab mir Herr Raygen einen Job. Ich bin ihm sehr zu Dank verpflichtet. Die einfache Tatsache, dass man seinen gerechten Lohn für das bekommt, wofür man arbeitet, tut so gut und gibt einem ein tolles Gefühl bei der Arbeit. Jetzt bin ich dankbar für diese starken Beine, die nie müde werden, egal wie hart ich arbeite.«

Nach ihm erzählte nun ein weiterer Mann seine Geschichte: »Körperlich bin ich zwar unversehrt, aber meine Familie war sehr krank. Ich wollte Arznei für sie kaufen, aber ich konnte in meinem Job einfach nicht genug verdienen. Egal wie sehr ich mich reingehängt habe, es hat nie gereicht. Irgendwann sind alle in meiner Familie gestorben und ich musste mit der Verzweiflung leben, dass sie durch meine Schuld umgekommen sind. Anschließend habe ich ganz schlimme Sachen gemacht. Aber so was darf man nicht tun und als ich alle Hoffnung, die mir geblieben war, auf Wisteria setzte und herkam, rettete mich Herr Raygen. Meine Familie kommt nicht mehr zurück, aber ich habe verstanden, dass es nicht meine Schuld war. Von da an wurde es mein Lebensziel, mich nach Kräften in der Stadt zu engagieren und Herrn Raygen zu helfen.« Trotz seiner traurigen Vergangenheit beendete der Mann seine Geschichte mit einem Lächeln. Die Umstehenden, die alle zuhörten, nickten bei den Worten des Mannes einhellig. So vermuteten Edward und Alphonse, dass wohl jeder hier eine ähnlich traurige Vergangenheit hatte. Sie waren allerdings auch enorm beeindruckt von dem tiefen Respekt, den offensichtlich jeder vor Raygen hatte.

»Es ist wirklich bewundernswert, dass Raygen so viel Initiative ergreift und sich für die Bedürftigen einsetzt.«

»Ja.«

Die Wirtin brachte nun auch Edwards Lammbraten an den Tisch.

»Herr Raygen sagt: ›Alchemie ist für das Volk‹, und er repariert auch kaputte Häuser und Werkzeuge für alle, die für die Stadt arbeiten.«

»Heh.«

Es gab nicht viele Alchemisten auf der Welt, die die Lehren der Alchemie richtig befolgten und etwas für die einfachen Leute taten. Als Alchemisten freuten sich Edward und Alphonse über Raygens Ruf in der Stadt. Die Alchemie wurde oft auch für schmutzige Angelegenheiten benutzt.

»Es ist wirklich eine schöne Stadt ...«, sagte Alphonse sehr emotional und Neil legte ihm den Arm um die Schultern.

»Du, wie heißt du?«

»Ich? Ich bin Alphonse.«

»Alphonse also. Du musst sehr stark sein, um so eine Ganzkörperrüstung tragen zu können. Mit so einem Körper könntest du in Wisteria eine Menge Geld verdienen. Wie würde es dir gefallen, hierzubleiben?«

So wie Edward und Alphonse aussahen, nahm Neil wohl an, dass die beiden genau wie alle anderen in der Stadt im Bürgerkrieg harte Zeiten durchgemacht hatten.

»In Wisteria darf niemand bleiben, der noch einen Ort hat, wohin er zurückkann. Ihr seid ja anscheinend nur durch Zufall hier gelandet, aber wenn es dir gefällt, kannst du hierbleiben.«

»Oh, äh, na ja ...« Alphonse versuchte es mit einem unbestimmten Nicken. Er konnte schlecht zugeben, dass sein Zustand die Folge einer verbotenen menschlichen Transmutation gewesen war.

»Ja, klar. Einer, der so fit ist wie du, könnte in kürzester Zeit viel verdienen. Denn das ist die Welt des Äquivalenten Tauschs: Man bekommt seinen gerechten Lohn.«

»He, aber dann verdient der doch mehr als du! Los, an die Arbeit! Du kannst es dir nicht mehr leisten, rumzugammeln.«

Alle in der Schenke brachen in Gelächter aus, aber Neil war anscheinend sowieso nicht darauf versessen, unbedingt der Beste zu sein.

»Ist doch egal. Wenn es für Herrn Raygen gut genug ist, ist es auch gut genug für mich. Und vor allem, wenn jeder seine früheren Qualen vergessen und einen neuen Grund zum Leben finden kann – das ist doch prima?« Neil stand auf.

»Seid ihr denn unser neuester Zugang in der Stadt, Alphonse und ...?«

»Edward«, antwortete der mit vollem Mund. Neil griff wieder zu seinem Glas.

»Edward ... okay. Na ja, es sieht nicht so aus, als ob so ein Krümel wie du es hier zu etwas bringen wird ...«

»Wah, wah, wah!« Alphonse bekam bei Neils Worten Schnappatmung. Er wollte nicht, dass Edward unter den fröhlichen Zechern mal wieder ausflippte, aber der hatte offenbar gar nicht zugehört.

»Was ist los, Al?«

»Ach nichts …«

Diesmal war es zwar nur »Krümel« statt »Gartenzwerg« oder »Affenpinscher«, aber Alphonse fiel ein Stein vom Herzen. Neil erhob sein Glas.

»Auf Wisteria und Herrn Raygen!«

»Auf die gute Arbeit und was wir erreicht haben!«

»Möge Wisteria wachsen und gedeihen!«

Die Männer redeten durcheinander und prosteten sich zu. Von der Traurigkeit, die sie früher einmal erfüllt haben musste, war nichts mehr zu spüren.

»Das ist doch eine tolle Stadt, meinst du nicht auch, Ed?«

»Ja.«

In der Schenke war es bei dem lustigen Abend mit den Einheimischen hoch hergegangen und Edward war heiß. Auf dem Weg zu ihrer Unterkunft kühlte er sich in der frischen Nachtluft ab. Alle waren so entgegenkommend gewesen und hatten Edward und Alphonse ständig ermutigt, dauerhaft in der Stadt zu bleiben. Es lebte sich hier wohl wirklich gut.

Auf der kleinen Brücke, die über den Kanal in die Stadtmitte führte, blieb Alphonse stehen und blickte zur eben verlassenen Schenke zurück. Obwohl es bereits Mitternacht war, waren immer noch viele dort. Ihr Gelächter drang auf den Platz heraus.

»Die Wirtin hat es uns doch gesagt. Die meisten Menschen hier haben ihre Familie verloren, sodass sie niemanden haben, zu dem sie heimgehen können. Deshalb essen sie oft so spät zusammen zu Abend ...«

Alphonse wandte den Blick vom Gasthaus ab und sah zum Himmel hinauf.

»Ist ja nicht so, dass sie es nicht schwer hätten, aber trotzdem schauen alle zuversichtlich in die Zukunft und bleiben standhaft. Das ist doch fantastisch.«

Am Nachthimmel leuchteten die Sterne und der gesamte Himmel strahlte blau. Unten in der Stadt brannte der Ofen den ganzen Tag und jedes Mal, wenn das Fabriktor geöffnet und geschlossen wurde, hörte man das Feuer in den Himmel lodern.

Neil und einige der Männer, die aus der Schenke kamen, kehrten wieder zur Arbeit zurück.

»Die hängen sich alle so rein.« Alphonse hatte den Blick auf die hellen Lichter beim Herrenhaus und der Fabrik flussaufwärts gerichtet und auf einmal bemerkte er, wie sich die Kuppel der Fabrik bewegte. Er tippte Edward auf die Schulter.

»Du, Ed. Guck mal.«

»Hmm?«

Edward hatte in die entgegengesetzte Richtung geschaut und die Stille stromabwärts betrachtet. Nun drehte er sich in die Richtung, in die Alphonse zeigte.

Die Spitze der Kuppel hob sich langsam. Kurze Zeit später brach unter lautem Zischen ein gewaltiger Dampfstoß heraus und hallte durch die Stadt.

»Dort veredeln sie anscheinend die Mineralien.«

»Ja, wenn sie so einen großen Ofen bauen, müssen sie wirklich hochwertige Edelsteine verarbeiten.«

Die Edelsteinadern in der Erde waren von der Oberfläche aus nicht zu sehen. Man konnte gewöhnlich nur von Hand graben, daher war es unwahrscheinlich, eine tiefe Ader ausbeuten zu können. Aber in Wisteria spülten die unterirdischen Flüsse viele der Mineralien und Gesteine an die Oberfläche, sodass sie gefördert werden konnten. So ließen sich seltene und wertvolle Mineralien abbauen, die für Menschen normalerweise unzugänglich waren.

»Trotzdem ist es doch bestimmt nicht so spaßig, Mineralien aus dem Wasser zu gewinnen. Die Entlohnung nach dem Äquivalenten Tausch für diese Arbeit muss also wirklich hoch sein.«

In der Nähe der Villa am Oberlauf des Kanals reihten sich noch ein paar Häuser aneinander. Die Besitzer dieser Anwesen finanzierten offensichtlich die Stadt. Raygen hatte also Sicherheitsleute, die für den Transport zuständig waren. Damit waren in gewisser Weise alle, die mit Edelsteinen arbeiteten, von ihm abhängig ...

»Und trotzdem ...« Im Gehen dachte Edward über die Abläufe in der Stadt nach. Er murmelte langsam vor sich, als sich Alphonse, der schon ein ganzes Stück vorausgegangen war, umdrehte und lachte.

»Edward!«

»Hm?«

»So wie du die ganze Zeit darüber nachgrübelst, wie alles in der Stadt funktioniert, bist du doch der geborene Inspektor, oder? Du machst sogar das Gleiche wie der Herr Oberst.«

Edward schaute auf seine Hand, die er beim Denken unbewusst ans Kinn hielt, und schüttelte sie angewidert aus. »Das ist nicht komisch!« Er schaute so grimmig, wie er nur konnte, und beeilte sich, zu Alphonse aufzuschließen.

»Ruby!« Edward blickte sich suchend um, als er eine leise Stimme hörte. Sie waren gerade von der Hauptstraße abgebogen. Eine breite Allee führte bis zum Herrenhaus Raygens. In der entgegengesetzten Richtung war sie von Häusern gesäumt, in denen die Stadtbewohner wohnten. Auch die Hütte, die den Elrics zur Verfügung gestellt worden war, stand hier. Alphonse war bereits zu weit vorausgegangen, sodass nur Edward das Stimmchen hören konnte. Drehte man sich um, konnte man eine Villa mit einem hohen, eisenbeschlagenen Tor sehen. Ein Junge stand allein vor dem fest verschlossenen Stahltor. Im Schein der Hauslampe an der Villa war zu erkennen, dass der Junge dunkelblonde Haare hatte. Er war schlank, fast so groß wie Edward, und um die zwölf oder dreizehn Jahre alt. Seine zerzausten Locken wehten im Wind. Ruby stand vor ihm und hielt mit einer Hand das Tor auf. Edward bemerkte einen leicht irritierten Ausdruck auf ihrem Gesicht.

Der Junge streckte Ruby zwei dünne Ärmchen entgegen, sie aber blickte schweigend auf ihn hinunter, ohne zu bemerken, dass Edward sie beobachtete.

»Da ...«

Mit beiden Händen hielt der Junge Ruby einen Strauß bunter Blumen entgegen. Sie schwieg zuerst, seufzte aber schließlich. »Auch wenn ich mich wiederhole: Hör auf mit dem Blumenzüchten und dem ganzen Kram, der der Stadt nichts nützt, und such dir endlich was Gescheites.«

Ihre Stimme war hart und sachlich, anders, als wenn sie mit Edward oder den übrigen Bewohnern in der Stadt sprach.

»Aber was anderes kann ich nicht ...« Dem Jungen versagte die Stimme und er hielt Ruby immer noch die Blumen hin. »Ich habe doch gar keine andere Wahl.« Ruby holte eine Münze aus ihrer Tasche und drückte sie dem Jungen in die Hand. »Um Himmels willen, mach endlich was, wovon Herr Raygen profitiert!«

Der Junge überreichte Ruby den Blumenstrauß. Die junge Frau zog jedoch eine weiße Blume daraus hervor und gab sie dem Jungen zurück.

»Die weißen brauche ich nicht. Ich mag keine weißen Blumen. Also tschüs.« Eine Hand hielt sie noch kurz ans Eisentor, dann betrat Ruby mit dem Blumenstrauß das Gelände der Villa.

Das Tor schloss sich quietschend und der Junge betrachtete eine Weile die Münzen in seiner Hand. Doch dann drehte er sich um und rannte von der Stadtmitte weg die Straße hinunter.

»Ed, ist was?«

Alphonse hatte gemerkt, dass Edward stehen geblieben war.

»Ach, hmm ...« Edward spürte, dass das, was er gerade gesehen hatte, etwas Düsteres verhieß. Er ließ seinen Blick noch auf dem Tor ruhen und wandte sich dann wieder Alphonse zu.

Die fast zwei Meter hohen Eisenstäbe ragten in die Luft, als wollten sie alles aussperren, und der Wind rüttelte daran, sodass es schepperte.

Am nächsten Morgen.

In dem Haus, das man den Elrics als Quartier zur Verfügung gestellt hatte, saß Edward allein auf dem Bett. Alphonse hatte sich im Rahmen der Inspektion schon auf eigene Faust auf den Weg gemacht, um Neil bei der Arbeit zuzusehen. Edward war nicht mitgegangen und im Bett geblieben, da es am Abend zuvor recht spät geworden war. Als er schließlich ausgeschlafen hatte, stand die Sonne schon hoch am Himmel. Er hatte es Alphonse gegenüber nicht erwähnt, aber er hatte sich Blasen gelaufen. Es musste passiert sein, als sie vor dem Auftrag in Wisteria in der Wildnis umhergeirrt waren. Auch auf dem Weg hierher waren sie unter schlechten Bedingungen querfeldein unterwegs gewesen.

»Meine Schuhe sind mir anscheinend schon wieder zu klein.«

Edward grinste ein wenig, als er seine Füße in einen Eimer Wasser tauchte, um sie zu kühlen. Es war sein heimlicher Ehrgeiz, so schnell zu wachsen, dass er alle paar Monate neue Schuhe kaufen musste.

»Meine Schuhe sind zu klein geworden. Ich komme mit dem Schuhekaufen ja gar nicht mehr hinterher!«, sprach er zu sich selbst. Den Satz sagte er gewöhnlich im Schuhgeschäft, wenn er wieder nach Schuhen eine Nummer größer verlangte. Dabei tat er immer, als lache er verlegen. Edward genoss eine Weile das kühle Wasser an seinen geschundenen Füßen und war froh, wieder gewachsen zu sein. Dann holte er seine Schreibsachen aus dem Koffer und warf sich bäuchlings aufs Bett. Seinen Koffer benutzte er als Schreibunterlage.

Inspektionsbericht Wisteria …

Edward begann seinen Bericht über Wisteria. Er versuchte, das verhasste, aber notwendige Übel schnell hinter sich zu bringen.

»Aaalso, es soll rein, was gut ist, was schlecht ist, etwas über die Leitung der Stadt … Und dem Herrn Oberst drücke ich später auch noch was rein. Was gut ist: Der idealistische Äquivalente Tausch … Damit funktioniert alles gut … Herr Raygen, der die Stadt zusammenhält, ergreift die Initiative und reicht denen die Hand, die schwere Zeiten durchgemacht haben und nirgends mehr hinkönnen … Also die im Bürgerkrieg verzweifelt sind. Wer in Wisteria lebt, arbeitet und wird dafür gerecht entlohnt …«

Hier hielt Edward inne und starrte auf das, was er geschrieben hatte. »Na, das klingt ja wie im Märchen.« Die Stadt verdiente es, als Paradies bezeichnet zu werden, aber erst als Edward seinen Bericht verfasste, wurde ihm klar, wie treffend diese Bezeichnung war. »Vielleicht bin ich einfach nicht ehrlich …« Edward legte den Stift weg und ließ sich aufs Bett fallen.

Er dachte an Alphonse, wie er am Morgen gegangen war. »Sogar uns ist hier das Lächeln wie ins Gesicht graviert.« Neil und die anderen, mit denen er zu Abend gegessen hatte, und auch alle, die ihnen auf dem Heimweg begegnet waren, hatten gelächelt und arbeiteten aus Dankbarkeit freudig für Raygen. Von dem, was er gesehen hatte, war Alphonse ehrlich beeindruckt.

»Ich schau mir mal an, was Neil so arbeitet.«

Edward konnte jedoch sehen, dass Alphonse sich persönlich zu der Stadt hingezogen fühlte; es war nicht nur wegen der Inspektion.

»Du hast schon recht, es ist eine schöne Stadt ...« Edward streckte die Arme in die Luft und rekelte sich, dann sah er aus dem Fenster. Von hier aus waren ein Teil der Felswand und ein Stück blauer Himmel sichtbar. Edward verstand gut, was Alphonse an der Stadt gefiel. Die Welt an der Oberfläche war voller Menschen, die es unter anderem aufgrund des Bürgerkriegs schwer hatten. Er wollte gar nicht die Augen davor verschließen, aber in der Realität konnten sie nun mal nicht viel dagegen tun.

Der sensible Alphonse fühlte stark mit diesen Leuten mit. Das war wahrscheinlich der Grund, warum ihn diese Stadt so in ihren Bann schlug. Raygen half Menschen, die normalerweise abgewiesen würden, die niemand wollte, und nahm sie in der Stadt auf. Wer einmal hier war, hatte Hoffnung auf eine Welt, in der unter entsprechendem Einsatz alle gleich viel verdienen konnten. Auch wenn es harte Arbeit bedeutete – wer bereit war, sich einzusetzen, vermochte die Schmerzen der Vergangenheit zu vergessen und nach seinen Möglichkeiten zu leben.

Edward lag auf dem Bett und schaute hinaus auf die Wolken, die langsam über den Himmel zogen. Am Rand der Felswand verschwanden sie schließlich aus seinem Blickfeld.

Als Edward sich den Steilhang genauer ansah, fielen ihm im Spiel von Licht und Schatten die Unebenheiten auf, die er bei ihrer Ankunft gestern nicht hatte sehen können. Die Wand war rau und zerfurcht, die leicht vorspringenden Felsen warfen scharfe Schatten. Edward starrte gedankenverloren vor sich hin, als plötzlich etwas Weißes in seinem Blickfeld aufblitzte. Er setzte sich auf und öffnete das Fenster. Ein weiteres weißes Objekt flog nun herein.

»Was soll denn das?«

Er wollte das kleine weiße Ding, das auf sein Bett gefallen war, gerade aufheben, als noch ein weiteres hereinflog.

»Schnee ... das gibt's doch nicht, oder?« Edward schaute zum Himmel hinauf, aber dort waren nur fließende weiße Wolken, keine grauen Schneewolken.

Als er das weiße Ding aufhob, bemerkte er einen kaum wahrnehmbaren Duft.

»Ein Blütenblatt ...« Er hielt ein einzelnes weißes Blütenblatt in der Hand. Als Edward auf der Suche, woher es gekommen sein mochte, aus dem Fenster sah, erspähte er flussabwärts am Fuße der Felswand ein Kind.

»Der Junge von gestern ...« Es war der Junge, der Ruby am Abend zuvor die Blumen gegeben hatte.

Zur selben Zeit half Alphonse in einer Sortierstation in der Nähe des Herrenhauses beim Transport von Steinen für Mineralien.

»Ich habe Rohdiamanten mitgebracht.«

»Oh, lass mal sehen. Leg sie dort drüben auf den Tisch.«

»Ist recht.« Alphonse tat wie ihm geheißen und legte ein paar nasse Steine auf den Tisch. Mehr als ein Dutzend Leute saß dort und sortierte Steine. Es waren nicht nur kleine, sondern auch einige ziemlich große dabei. Sie zu trennen, musste wirklich Schwerstarbeit sein, denn trotz der kühlen Brise, die durch die offenen Fenster wehte, stand allen Arbeitern der Schweiß auf der Stirn.

»Das ist wohl echt anstrengend, hm?«

Doch die Wirtin aus der Schenke gestern, die Alphonse angesprochen hatte, schüttelte den Kopf, ohne in ihrer Arbeit innezuhalten.

»Das da drüben ist noch viel anstrengender.«

Aber Frauenarbeit konnte das auch keine sein. Sorgfältig untersuchte sie einen Stein, der so groß war wie ihr Kopf, klopfte hier und da ein Stückchen weg, um nach Edelsteinen zu suchen. Dann legte sie ihn in eine beschriftete Kiste.

»Können Sie von der Schenke allein denn nicht leben?«

Die Wirtin lachte auf diese Frage hin.

»Nein, das ist es nicht. Dieser Job, der direkt mit der Stadtkasse verbunden ist, bringt das meiste Geld ein, aber auch der Gemüseanbau und die Essensstationen, die die Menschen, die diese Arbeit machen, unterstützen, bringen eine Menge Geld. Ich will Herrn Raygen nur helfen, so schnell wie möglich die Welt zu verwirklichen, die er sich vorstellt.«

Dann zeigte die Frau Alphonse eine Kiste voller Steine.

»Kannst du das nach nebenan zum Tor Nummer fünfzehn bringen?«

»Gern.«

Alphonse stellte eine Kiste mit einer Ladung Steine auf einen Wagen und schob sie aus der Fabrik. Als er aus dem Gebäude ging, hörte er das Wasser gegen das nahe gelegene Schleusentor schwappen. Die Wassermenge, die hier durch die unterirdischen Flüsse gespeist austrat, war nur so groß, dass sie von der Schleuse kontrolliert werden konnte, aber aus der Nähe betrachtet machte sie immer noch einen ziemlich starken Eindruck.

Das Wasser, das durch verschiedene unterirdische Flüsse hierhergelangte, führte viele Gesteinsarten mit sich. Der Schlick, in dem die Steine durch den unterirdischen Kanal hergespült worden waren, war sehr schwer. Er floss mitsamt der Steine unter der Fabrik hindurch und ergoss sich in eine Vertiefung in der Mitte der Anlage, in die passende Kisten eingesetzt waren.

Letztere hochzuziehen und zum Sortieren zu schleppen, war extrem anstrengend. Die Steine, die in die Sortieranlage gebracht wurden, wurden unter hellem Licht und mit Lupen begutachtet, in Mineralien und Edelsteine eingeteilt und entsprechend weiterbearbeitet.

Alphonse schob den Karren in den Kuppelbau nebenan. Im Inneren herrschte eine kochende Hitze. Es gab eine ganze Reihe von Kesseln, die jeweils auf unterschiedliche Temperaturen eingestellt waren, und mit ihnen wurde alles von der Mineralienveredelung bis zum Schleifen der Edelsteine mit Dampfkraft durchgeführt.

Der entstandene Dampf wurde alle paar Stunden abgelassen, indem alle zusammen das Dach der Kuppel über eine Kurbel öffneten. Allein vom Zusehen bekam man schon Muskelkater.

»Herr Neil, ich habe Steine für Sie dabei«, rief Alphonse am Eingang Nummer fünfzehn. Neil stand vor einem der Kessel, beobachtete das Feuer und hackte an den Steinen herum.

»Ach, danke! Bring sie hierher.«

Er winkte den Neuankömmling heran, ließ seine Steine liegen und kam herüber, um Alphonse beim Schieben seines Karrens zu helfen.

»Wie erwartet. Du bist wie für den Job hier gemacht. Außer mir gibt es nur wenige, die diese Dinger überhaupt in Bewegung setzen können.« Neil sah grinsend zu Alphonse auf und der bemerkte, wie der Wagen, den sie gemeinsam schoben, leichter wurde.

»Sind immer so viele Steine auf deinem Wagen?«

»Jupp. Ich fahre fünfzigmal am Tag zwischen der Schleuse und hier hin und her.«

»Unglaublich! Fünfzigmal?! Überanstrengen Sie sich dabei bitte nicht!«

Obwohl er ihn nur ein paarmal geschoben hatte, wusste Alphonse inzwischen, wie schwer es war, einen dieser mit Steinen beladenen Karren zu schieben. Und auch wenn es Kraft erforderte, brauchte es noch mehr Geschicklichkeit. Verlor man das Gleichgewicht, kamen die Steine ins Rollen und man verletzte sich. Durch die Metallprothesen empfand man zwar keine Schmerzen, aber wenn sie von den Steinen getroffen wurden, machte es die Arbeit trotzdem nicht sicherer. Neil war überrascht, dass sich jemand um seine Gesundheit Sorgen machte.

»Es ist schon lange her, dass mir jemand geraten hat, ich solle auf mich aufpassen. Meine Frau hat das immer gesagt.«

»Entschuldigung ... Ich wollte nicht ...«

Neil winkte ab, als sich Alphonse dafür entschuldigten wollte, ihn an seine traurige Vergangenheit erinnert zu haben.

»Ach nein.«

Er schob den Karren vor den Kessel und wischte sich mit seinem Halstuch den Schweiß von der Stirn.

»Vorbei ist vorbei. Du kannst nicht einfach weiterziehen und ewig verlorenen Beinen oder Verwandten hinterherweinen. Ich habe beschlossen, es so zu akzeptieren, wie es jetzt eben ist, und nur noch nach vorn zu schauen.«

»Nur noch nach vorn ...«, wiederholte Alphonse.

»Ja.«

Neil beobachtete, was die anderen Männer vor ihren Kesseln taten, und wischte sich dabei noch einmal den Schweiß von der Stirn.

»Ich bin Herrn Raygen sehr dankbar, dass er mich das hat erkennen lassen. Dem da drüben geht es genauso. Weil er ein Aufständischer war, hatte ihn das Militär auf dem Kieker, also musste er seine Familie verlassen. Das war ziemlich schlimm für ihn, aber mittlerweile ist er wieder fröhlich. Es gibt keinen Grund, die Vergangenheit ungeschehen machen zu wollen.« Neil sah einem Mann zu, der sich mit seinem Nebenmann unterhielt, während er einen Edelstein aus einem großen Felsen heraushackte. Dann richtete er seinen Blick wieder auf Alphonse. »Na, was denkst du? Ich habe es gestern schon gesagt, aber warum arbeiten wir nicht zusammen und tragen zu der Welt bei, die Herr Raygen erschaffen will?«

»Was erschaffen?«

»Die Welt unter dem Militär ist eine voller Unfrieden und Chaos. Herrn Raygens Ziel ist eine Stadt, in der die Menschen nicht durch das Weltgeschehen oder die Rezession abgelenkt werden und in der sie ihre Familie nicht in Bürgerkriegen verlieren. Eine einfache, aber starke Welt, in der die Menschen allein nach dem Gesetz des Äquivalenten Tauschs leben können, ohne sich Gesetzen unterwerfen zu müssen, die nur den Unterdrückern nützen. Er sagt, er wolle die Welt zu einem Ort machen, an dem die Menschen ihr Glück ab sofort selbst in die Hand nehmen können.«

»Ich kann mein Glück selbst in die Hand nehmen?«, wiederholte Alphonse erneut und schaute auf seine Hände. »Ich hätte nie gedacht, dass ich mit den Händen in dieser Rüstung mein Glück finde.«

»Doch, das wirst du.«

Neil wischte Alphonse mit seinem Handtuch den Schmutz von den Panzerhänden.

»Keine Ahnung, warum du eine Rüstung trägst oder was du erleben musstest. Aber es interessiert mich auch nicht. In Wisteria zählt nur die Gegenwart. Niemand von uns denkt daran, in die alten Zeiten zurückzukehren. Anstatt darüber nachzugrübeln, weiß ich, wie wunderbar es ist, diese Arbeit hier zu machen und davon leben zu können. Was früher mal war, spielt keine Rolle mehr.«

Alphonse fiel ein, dass ihn die Leute gestern Abend erst nach seinem Namen gefragt hatten, als sie mit ihm anstoßen wollten. Als sie vor der Stadt auf Ruby getroffen waren, hatte diese sich zwar vorgestellt, aber sonst nichts weiter wissen wollen. Normalerweise fragte jeder zuerst nach Edwards Automail und

Alphonse' Rüstung, aber Ruby hatte an dergleichen keinerlei Interesse gezeigt. Das musste daran liegen, dass die Vergangenheit für die Leute in der Stadt nicht mehr zählte und sie nur noch in die Zukunft schauten.

»Kannst du dich schon so annehmen, wie du bist?«, fragte Neil Alphonse. Der wusste nicht, was er sagen sollte. Sich so zu akzeptieren, wie er war, das konnte er nicht. Alphonse wandte seinen Blick ab und sah zu Boden.

Der Untergrund des Kuppelbaus bestand aus nackter Erde, auf der kleine Steinchen verstreut lagen, Reste, nachdem die Edelsteine herausgeschlagen worden waren. Zudem lagen dort aus den Mineralien gepickte Kieselsteine, die keinerlei Wert besaßen. Auf diesem Kies stand auch er selbst. Von seiner Arbeit bei der Schleuse waren seine Beine nass und schmutzig. Braunes Schmutzwasser tropfte von ihnen und wurde vom Boden aufgesogen. Alphonse hatte gar nicht mitbekommen, dass seine Beine so nass und schmutzig geworden waren; er bemerkte es erst jetzt beim Hinsehen.

Dieser große, ungeschlachte Körper, das war einfach nicht er. Ein Körper, der nichts fühlte, nie Hunger hatte oder schlafen musste und nicht einmal die Wärme von etwas spüren konnte, das er in den Händen hielt. Er war unermüdlich auf Reisen gewesen, mit dem Ziel, wieder so zu werden wie früher.

Alphonse ließen diese Gedanken auch nicht los, als er nach seiner Arbeit mit Neil in das Quartier zurückkehrte, das er sich mit Edward teilte. Die Stadt war immer noch erfüllt von den Geräuschen der Fabrik, dem Rauschen des Wassers, das durch den Kanal floss, und dem Wind, der über die Felswand wehte. Nichtsdestotrotz waren nicht viele Leute auf der Straße. Jeder hatte seine Beschäftigung. Die einen arbeiteten in der Fabrik, die anderen auf dem Feld.

Alphonse blieb stehen, als er die Stadtmitte erreichte. Er war ganz allein. Er setzte sich auf eine Bank und hob seine Hände, um sie genau zu betrachten. Wie lange war er denn nun schon so? Plötzlich riss ihn eine Stimme aus seinen Gedanken: »Alphonse.«

Eine lebhafte Stimme schallte über den Platz und als Alphonse den Blick hob, kam Ruby auf ihn zugelaufen.

»Was ist los? Du siehst so niedergeschlagen aus.« Die junge Frau setzte sich neben Alphonse und lächelte.

»Ruby.«

»Du warst doch gestern Abend mit allen anderen in der Schenke, musst du dich nicht noch ausruhen?«

Ruby gähnte.

»Bist du müde?«

»Ich war bis eben im Dienst, um das Stadttor zu sichern.« Ruby wandte sich zum besagten Stadttor um. »Wir werden in letzter Zeit immer häufiger von Banditen überfallen. Deshalb verstärken wir die Sicherheitsvorkehrungen.«

Alphonse sah fünf Wachen oben an der Treppe stehen, die die Stadt mit der Außenwelt verband.

»Ist dieser Ort ein so großes Ziel für Banditen?«

»Hier in der Gegend lohnt sich ein Überfall nur in Wisteria. Außerdem liegt es in der Nähe der östlichen und südlichen Grenze.

Kurz, hier verläuft die Grenze zwischen den militärischen Zuständigkeitsbereichen, sodass es für die Räuberbanden eine gute Möglichkeit ist, dem Militär auf beiden Seiten der Grenze zu entkommen, indem sie sich mal hier, mal da aufhalten.«

»Ach so …«

Alphonse beunruhigte, dass so viele Räuberbanden vor der Stadt lauerten, doch Ruby fragte ihn: »Was hältst du denn nun von unserer Stadt? Gefällt sie dir?«

»Ja. Obwohl ihr alle schreckliche Sachen erlebt haben müsst, habt ihr doch so eine positive Lebenseinstellung. Keiner beklagt sich darüber, dass er Prothesen hat – im Gegenteil: Alle sind stolz auf ihre Automails. So was muss doch total selten sein.« Alphonse stockte, bevor er weitersprach. »Bevor ich hierhergekommen bin, war es mir nie aufgefallen, aber jetzt habe ich irgendwie das Gefühl, ich will nicht wahrhaben, dass ich so bin, wie ich jetzt bin.«

»Wie du jetzt bist?«, fragte Ruby zurück.

»Ja … wie soll ich sagen … diese Form verleugnen, immer nur sein zu wollen, wie ich mal war …«

»Warum trägst du denn eigentlich deine Rüstung?«

»Nun … ähm … meine Grundüberzeugung … nein, nein … ähm … es ist eine Folge meiner Überzeugungen … oder … es ist einfach … es ist einfach so, wie es ist. Ich weiß nicht, wie ich es anders beschreiben soll …«

Alphonse konnte ihr schlecht sagen, dass seine Rüstung leer war, aber Ruby war mit der Erklärung zufrieden und lächelte ihn an.

»Du musst nicht versuchen, es zu beschreiben. Es ist gut so, wie es ist. Das ist sehr schön.«

»Ruby, du nimmst die Dinge wirklich so, wie sie sind, nicht wahr?« Alphonse war erleichtert, dass sie nicht nachbohrte, warum oder auch seit wann er diese Überzeugung hatte, sondern die Situation einfach als gegeben hinnahm.

»Genau. Es interessiert mich nicht, was in der Vergangenheit passiert ist. Du musst erst akzeptieren, wer du bist, bevor du im Leben weitermachen kannst.« Diese Worte drangen Alphonse tief ins Herz. Als er Neil hatte reden hören, waren ihm zum ersten Mal Zweifel gekommen, ob seine gegenwärtige Gestalt wirklich nicht er selbst sei und ob es sich überhaupt lohne, seinen früheren Körper um jeden Preis wiederzubekommen.

Aber Ruby, Neil und alle anderen hier versuchten einfach, das Beste aus der Situation zu machen, um in dem Körper, den sie jetzt hatten, ihr Leben bestmöglich zu führen.

Wie viel erfüllender wäre es, mit dem jetzigen Körper für sich und andere arbeiten zu können, anstatt sich immer nur zu beklagen, dass man wieder wie früher sein wollte?

Nachdenklich hob Alphonse die Hände und öffnete sie langsam.

Mit diesen Händen kann ich einen Karren schieben, ohne Angst haben zu müssen, mich zu verletzen. Mit diesen Beinen kann ich laufen, ohne mir Gedanken machen zu müssen, dass ich müde werde. Das kann ich nur mit diesem Körper aus Stahl.

Alphonse empfand niemals Schmerz darüber, dass sein Körper auf diese Art und Weise nützlich war.

So leben, wie ich jetzt bin.

Er wusste, dass er in seinen ursprünglichen Körper zurückkehren wollte, aber auf der anderen Seite war er auch glücklich, wenn er in seinem aktuellen Körper jemand anderem von Nutzen sein konnte.

Dieses »Das wäre in meinem ursprünglichen Körper nicht möglich gewesen«-Gefühl erfüllte ihn doch auch mit Glück. Alphonse ballte die Hände zu Fäusten.

Wenn ich nicht nur auf die Vergangenheit zurückblicken, die Sehnsucht nach meinem früheren Körper loslassen und in die Zukunft schauen könnte, nach der ich jetzt greife ...

Bei seinem Kampf, seinen Körper zurückzuerlangen, empfand Alphonse es als wohltuend, dass Ruby ihm sagte, er sei gut so, wie er war. Er warf ihr einen Blick zu. Sie musste ein hartes Leben gehabt haben. Aber sie hatte es überwunden und führte nun ein neues.

»Ruby.«

»Was?«

»Ich kann doch Herrn Raygen im Herrenhaus besuchen, oder?« Alphonse wollte mit Raygen sprechen, der den Menschen in Wisteria ein neues Leben geschenkt hatte. Er hatte von Anfang an ein gutes Gefühl bei Raygen, der die aufnahm, die sonst nirgendwohin konnten. Sicherlich würde Raygen ihm zuhören, wenn er ihm von seiner Vergangenheit und seinen Probleme erzählte. Alphonse glaubte auch, dass Raygen ihm gute Ratschläge mit auf den Weg geben würde, was er in Zukunft besser machen könne. Doch Ruby antwortete zögernd: »Nur bestimmte Leute dürfen das Haus betreten und die stehen ihm sehr nahe.«

»Oh, wirklich? Tja, wann verlässt Herr Raygen denn für gewöhnlich sein Haus?«

»Er hat immer viel zu tun, deshalb ist er nicht ständig hier. Wenn jemand herziehen will, so wie gestern Abend, kommt er und unterhält sich mit uns. Was hast du denn auf einmal?«

»Ich ... ich wollte, dass er sich direkt meine Geschichte anhört ... Ich kann nicht lange bleiben, also dachte ich, wenn ich ihn heute sehen könnte ...«

»Ich würde dir ja gern helfen, aber auch als Security kann ich dich nicht einfach so in die Villa lassen ...«

Ruby dachte eine Weile nach. Schließlich schnippte sie mit den Fingern. »Ja, genau! Ich habe eine Idee!«

»Hm?« Alphonse sah sie fragend an, doch Ruby zwinkerte ihm nur zu.

Kapitel 3

Kein Äquivalenter Tausch

Noch bevor Ruby Alphonse an der Hand packte, um ihn zu Raygens Anwesen zu führen, machte sich Edward mit einem der herabgefallenen weißen Blütenblätter in der Hand zu dem Jungen vom Vortag auf. Eine kühle Brise wehte ihm entgegen, als er den Kanal entlangspazierte. Dessen Unterlauf befand sich den ganzen Tag im Schatten. Die Felswand blockte jeden Sonnenstrahl ab. Trotz der Mittagsstunde lag alles im Halbdunkel und es herrschte Grabesstille. Edward fiel auf, dass sie wegen der Dunkelheit letzte Nacht ein ganzes Stadtviertel nicht gesehen hatten. Hier gab es viele kleine Häuser, aber sie waren heruntergekommen und schäbig, keines so prächtig wie das Herrenhaus oder die Häuser in dessen unmittelbarer Umgebung.

Stattdessen: windschiefe Katen. Haustüren hingen schief in den Angeln, einige der Häuser waren total baufällig. Edward ging weiter und erreichte den Fuß der Felswand. Hier endete der befestigte Kanal und das Wasser floss wieder frei unter den Felsen weiter, durch die hier ein vertikaler Riss verlief. Dieser Spalt reichte tief in die Wand und schloss sich dann. Das Wasser musste von hier also unterirdisch unter den Felsen weiterfließen. Von Weitem sah der Riss nur schmal aus, aber in Wirklichkeit war er um die zwei Meter breit. In den gekrümmten Felsen war er auf den ersten Blick kaum zu erkennen. Direkt daneben kümmerte sich der Junge in einem kleinen Beet mit einer Steineinfassung um die Blumen.

»Hey.«

Der Junge konzentrierte sich so auf seine Blumen, dass er vor Schreck zusammenfuhr, als er so plötzlich von Edward angesprochen wurde.

»Sorry, sorry. Ich wollte dich nicht erschrecken, aber ich habe dich gerade durch das Fenster gesehen und mich gefragt, was du da machst.« Er deutete mit dem Daumen hinter sich zu dem Haus, aus dem er gerade gekommen war, und schaute die Felswand empor.

»Schon krass. Wenn man direkt davorsteht, sieht das wirklich hoch aus.«

Die Felswand ragte so steil in die Höhe, dass ihm allein schon vom Hochschauen der Nacken schmerzte. Er wandte seinen Blick ab und sah den Jungen neben sich an.

»Ich bin Edward. Ich bin neu hier. Gestern angekommen.«

»Oh, ich heiße Leaf.« Der Junge hielt eine kleine rote Blume in der Hand.

»Züchtest du hier Blumen?«

Die Blumenbeete waren zwar schattig, aber die leuchtend roten, blauen, gelben und violetten Blumen tauchten sogar diesen Platz im Halbschatten in ein buntes Licht.

»Ja. Diese Blumen können auch im Schatten wachsen.« Leaf holte eine Vase aus einer Tasche, schöpfte Wasser aus dem Kanal und stellte das rote Blümchen hinein. Beim Anblick der Blumen fiel Edward die Szene vom Vorabend wieder ein.

»Zählt ein Blumenladen hier nicht als Arbeit?«

Leaf lächelte traurig. »Ich habe keine andere Wahl.« Er setzte sich ans Kanalufer und seufzte leise. »Diese Stadt braucht keine Blumen. Land, wo die Sonne hinscheint, wird für den Ackerbau genutzt oder als Bauplatz für die Leute, die gutes Geld verdienen. Daher gibt es keinen Raum für Blumen. In der Stadt sind alle so sehr mit ihrer Arbeit beschäftigt, dass sie nicht einmal Zeit haben, Blumen zu bewundern.«

Leaf stellte ein blaues Exemplar in die Vase.

»Ich finde sie wunderschön.« Edward setzte sich neben den Jungen und beobachtete, wie sich die Blumen im Wind wiegten. Mit ihren winzigen Blütenblättern waren sie wirklich sehr hübsch anzusehen.

»Danke. Aber für Blumen gibt es kein Geld. Draußen vor der Stadt kann ich sie nicht verkaufen, weil sie in dieser Einöde gleich eingehen, und ansonsten wachsen sie ja überall. Hier kann man von Arbeit, die nicht der Stadt zugutekommt, nicht leben. Aber ich habe für die harte Arbeit in der Edelsteinverarbeitung nicht genug Kraft.«

Edward wusste nicht, was er sagen sollte. Er traf auf eine weitere Facette der Stadt, die völlig anders war als alles, was er hier bisher gesehen hatte. In dieser Stadt mit ihrer besonderen Umgebung ging es in erster Linie darum, etwas Sinnvolles für den Ort zu tun.

Leaf hob einen mageren Arm. »Ich kann nur verdienen, was ich mit diesen Ärmchen leisten kann. Ich glaube auch nicht, dass es schlecht ist, dass man seinen Lohn für das bekommt, was man geleistet hat.«

»Gibt es denn außer der Edelsteinbearbeitung nichts, was du sonst tun könntest?«

»Gemüse anbauen, Wasser holen, den Kanal reinigen ... Vielleicht gibt es etwas, wofür sogar ich tauge. Aber die anderen ...«

»Welche anderen?«

Leaf stand auf und deutete auf einen Bereich ganz hinten, weit weg vom Kanal.

»Ich wohne da drüben. Dorthin scheint nie die Sonne und bis zum Wasser ist es weit. Wer nicht genug Geld verdient, wird in den hintersten Winkel der Stadt verbannt.«

Von der Lebendigkeit, die am Oberlauf des Kanals in der Stadt herrschte, war dort unten nichts zu spüren.

»Die Leute, die wie ich dort drüben leben, können im Gegensatz zu den Menschen, die um das Herrenhaus herum wohnen, nicht hart arbeiten und verdienen daher sehr wenig. Deshalb besitze ich auch kein anständiges Haus.«

»Verstehe …«

»Das ist eben der Äquivalente Tausch.«

Edward schwieg. Für die Stadt, in der das Grundprinzip des Äquivalenten Tauschs herrschte, erschien dies sicherlich gerecht. Doch Edward spürte, wie hart das sein musste.

»Es ist sicher schwer, wenn man sein ganzes Leben so verbringt. Dass trotzdem alle für immer hierbleiben wollen …«

Er dachte an die Worte des Hausierers, den sie auf ihrem Weg in die Stadt getroffen hatten: dass niemand diesen Ort verlassen würde. Danach war Edward einfach davon ausgegangen. Leaf widersprach jedoch.

»Das stimmt so nicht. Klar ziehen manche weg.«

»Ach so? Ich hab was anderes gehört …« Edward wollte noch weiterreden, aber wurde von einem Knacken aus der Dunkelheit unterbrochen.

»Wie oft muss ich es euch denn noch sagen?!«

»Her damit!«

Es folgte ein wildes Geschrei.

»Nicht schon wieder …!«

»Oh, hey.« Edward sah gerade noch, wie sich Leaf aus dem Staub machte, und rannte ihm kurz entschlossen in die Dunkelheit hinterher.

Bald erreichten sie eine kleine Freifläche. In der Mitte befand sich eine Art Tisch aus morschen Brettern mit ein paar Bechern darauf. Ein alter Mann und mehrere dürre Jugendliche wurden von drei Muskelprotzen angebrüllt. Insgesamt waren etwa zehn Leute hier versammelt.

»Ihr habt von den Feldern der Stadt Gemüse gestohlen! Ich lass nicht zu, dass ihr uns bestehlt, nur weil ihr nicht genug verdient!«

»Das würden wir nie tun! Zieht doch nicht gleich so voreilige Schlüsse.«

»Wir rackern uns den Arsch ab und kommen kaum über die Runden! Ihr arbeitet einfach nicht hart genug. Schämt ihr euch denn nicht, so faul rumzugammeln?«

»Ich kann so schwere Arbeit einfach nicht verrichten!«

»Dann haut doch aus der Stadt ab!« Einer der muskulösen Männer packte den alten Mann am Kragen, während andere versuchten, ihm zu helfen. Ein Gerangel brach los.

»Ah, Herr Evans!«

Leaf rannte zu dem alten Mann und wollte ihn aus dem Griff des Muskelprotzes befreien.

»Sei doch nicht so gewalttätig!«

»Leaf, du schon wieder!«

»Wir verdienen vielleicht nicht so viel wie ihr, aber wir fordern auch nicht mehr als unseren gerechten Anteil! Warum nimmst du an, dass wir Gelumpe sind?«

»Wer bei so viel vorhandener Arbeit faulenzt, braucht sich nicht zu wundern, wenn er als Dieb verdächtigt wird!«

»Wann kapierst du endlich, dass ihr für Herrn Raygen eine Belastung seid? Verpisst euch doch endlich!«, spuckten die Männer ihm entgegen. Der Mann, der Evans gepackt hatte, ließ ihn zögernd los und betrachtete Leaf angewidert.

»Leaf, auch wenn du mit Ruby befreundet bist, sei nicht so eine Lusche und arbeite endlich mal was! Klar kriegst du nicht viel hin, aber wenigstens Gemüse kannst du doch anbauen. Warum lebst du mit diesen Typen hier im Schatten? Die liegen einem doch nur auf der Tasche.«

»Die sind unter den gleichen Umständen in die Stadt gekommen wie ihr. Ihr behandelt sie nur deshalb nicht wie Menschen, weil sie nicht so viel verdienen können.«

Obwohl er so schüchtern aussah, vertrat Leaf nachdrücklich seine Meinung. Er starrte dem Mann furchtlos in die Augen. »Ständig redet ihr davon, uns rauszuschmeißen, aber dass man sich auch mal gegenseitig helfen kann, das kommt euch gar nicht in den Sinn!«

»Du missachtest die Gesetze, die der hochlöbliche Herr Raygen aufgestellt hat! Auch du verdankst ihm viel!«

»Du kennst doch das Gesetz in dieser Stadt, oder etwa nicht?«

»Kenne ich wohl! Aber es gibt auch Menschen, die schwach oder krank sind. Daher kann man in ihrem Fall einfach nicht von einem Äquivalenten Tausch sprechen!«

»Wie war das?!« Die Männer eilten ungestüm auf Leaf zu und versuchten, ihn zu packen. Einer der Männer warf dabei den Tisch um und trat gegen die Becher. Der Tee schwappte über und ergoss sich auf den Boden.

»Sekunde mal!« Kurz bevor sich Leaf die erste Ohrfeige einfing, schaltete sich Edward ein.

»Hä? Was?«

»Ist das eine Entschädigung für gestohlenes Gemüse? Nein, oder? Es gibt keinen Beweis, dass überhaupt etwas gestohlen worden ist. Der Tee wurde also nur verschüttet, um die Leute zu ärgern«, stellte Edward fest und deutete auf den umgestoßenen Becher und den verschütteten Tee.

»Eurem Äquivalenten Tausch zufolge muss es also auch eine Entschädigung dafür geben.«

»Und was willst du hier?« Die Männer sahen Edward böse an.

»Ach, der schon wieder. Das ist der Kerl, der Ruby gestern gerettet hat«, flüsterte einer, der Edward erkannt hatte.

Plötzlich lachte der Mann, der ganz vorn stand. »Junge, wenn du noch ganz neu hier bist, lass dir einen Rat geben: Halt dich von diesen Leuten fern. Die Faulheit dieses Gesindels färbt sonst auf dich ab.«

»Danke für den Hinweis. Also, wie viel kostet der Tee?«, antwortete Edward kalt. Einer der Männer warf ihnen etwas Kleingeld vor die Füße.

»Da. Das sollte reichen. Boah, da vergeht einem ja die Laune!«

Als sich die Männer mit verächtlichen Blicken trollten, hob Edward das Geld auf.

»Statt sich kurz zu entschuldigen, lösen sie es lieber mit Geld, wie? Und das soll ein Äquivalenter Tausch sein ...«

Hinter ihm machten die bei Evans Zurückgebliebenen ihrem Unmut Luft: »Ich pack das nicht mehr! Ich kann einfach nicht länger hierbleiben! Reden wir mit Herrn Raygen und ziehen von hier fort.«

»Ich bin hergekommen, weil ich Ärger gemacht habe. Ob ich woanders je einen neuen Job finden werde?«

»Bei mir sieht's ähnlich aus ...«

»Hast du irgendwelche Pläne? Wohin gehst du?«

»Wir müssen uns dagegen wehren und das Gesetz ändern!«

»Ich bin nicht zum Rebellieren hergekommen ... Ach, ich reiß mich zusammen und fange wieder in der Fabrik an.«

»Kett! Wenn du dich überanstrengst, verletzt du dich nur wieder! Da ist es doch besser, wir ziehen weg. Bitten wir doch Herrn Raygen, uns eine neue Arbeit zu vermitteln.«

Viele ließen resigniert den Kopf sinken, einige ballten vor Verzweiflung die Fäuste, ein anderer wiederum machte sich müden Schrittes auf zur Fabrik. Leaf ließ die Leute stehen und ging zu Edward.

»Danke für deine Hilfe.«

»Keine Ursache, aber ich weiß nicht, ob ich was erreicht habe. Hier, gib das den Leuten, deren Tee verschüttet wurde.« Edward händigte Leaf das Geld aus.

»Doch, ganz sicher!«

Schweigend sahen die beiden zu den anderen, die niedergeschlagen den Kopf hängen ließen.

»Was war das eben mit der Arbeitsplatzvermittlung? Mir wurde gesagt, dass hier doch niemand fortgeht?«

Der Hausierer, dem Edward zusammen mit Alphonse begegnet war, hatte ihnen erklärt, dass jemand, der einmal in der Stadt wohne, aufgrund ihres Reichtums nie wieder wegziehen würde. Es mochte ja nur Gerede sein, aber es konnte nicht schaden, einmal nachzufragen, und Leaf erklärte es ihm bereitwillig.

»Herr Raygen sagt, dass du, sobald du hier lebst, für den Rest deines Lebens versorgt bist. Und er wird dir einen anderen Job organisieren, wenn du gehen willst. Wir können ja sonst nirgends hin. Deswegen hat er für alle, die weggehen wollen, Vorkehrungen getroffen.«

»Heh. Das ist aber nett von ihm.«

»Aber wir sind nur eine Belastung für die Stadt. Die Leute am Oberlauf finden es nicht okay, dass er sich so sehr für uns einsetzt.«

»Einer von denen hat vorhin gesagt, du kennst Ruby?«

»Mhm. Wir kommen aus derselben Stadt. Während der Aufstände mussten Ruby und ich mit ansehen, wie unsere Heimatstadt niederbrannte, ohne dass wir etwas dagegen tun konnten. Ich hatte nicht die Kraft, mich zu wehren. Dort habe ich auch Herrn Raygen kennengelernt, kurz bevor er Wisteria gründete, und so bin ich hier gelandet. Aber ...«

»Aber?«

»Wir wollten zusammen eine starke Stadt aufbauen, die im Falle eines Aufstands nicht besiegt werden kann ... Aber wenn das nur dazu führt, dass ich andere diskriminiere, will ich gar nicht stark sein.«

Edward schwieg.

»Das hier ist eine wunderbare Welt für die Starken, ist man aber schwach, wird man gefressen.« Leaf stieß einen erschöpften Seufzer aus. »Weil ich schon immer so klein war, habe ich in unserer Heimatstadt nie mit den anderen mithalten können, wenn sie zu einem Picknick oder so gegangen sind. Ruby hat immer auf mich gewartet und mich an die Hand genommen.«

Edward wusste nicht, was er sagen sollte. Er dachte an Rubys entschlossenen Blick. Er spürte ihre starke Motivation voranzukommen, doch er konnte sich nicht vorstellen, wie sie war, wenn sie Leaf an die Hand nahm.

»Ich frage mich, wie viele Jahre seitdem vergangen sind ... Die Art und Weise, wie es hier läuft, ist nicht gänzlich falsch, aber sie ist auch nicht richtig. Das wollte ich den Leuten immer klarmachen.«

Edward blickte zu den anderen zurück. Sie wirkten wirklich niedergeschlagen. Es war dunkel hier – so dunkel, dass man nur etwas sah, wenn man sich anstrengte. In der entgegengesetzten Richtung jedoch verschwanden die Schatten, die Sonne schien und der Lärm aus der Fabrik zeugte vom geschäftigen Treiben in der Stadt. Und über allem thronte Raygens Herrenhaus.

Die Schatten dieses Anwesens, das im direkten Sonnenlicht stand, waren nicht zu sehen. Edward war inzwischen klar gewesen, dass Wisteria, das sich oberflächlich betrachtet so hell und freundlich präsentierte, irgendetwas verbarg, aber nun war er doch schockiert, welch großer Unterschied in der Stadt zwischen Hell und Dunkel herrschte. Besonders schockierte ihn

Raygens Scheinheiligkeit. Für Edward war Wisteria nicht länger ein »Paradies«.

Das ist also das dunkle Geheimnis der Stadt.

Edward machte sich eine mentale Notiz, die er später seinem Bericht über die Inspektion hinzufügen würde. Auf den Reisen mit seinem Bruder war er schon in vielen Städten gewesen. Irgendwie hatte er gehofft, dass Wisteria der Stopp wäre, der ihnen das größte Lächeln ins Gesicht zaubern würde. Die Realität sah jedoch anders aus.

»Ach, eins noch ...« Sobald er alle Informationen für den Bericht zusammengetragen hatte, würde er diesen Ort schnellstmöglich verlassen, vermutlich kurz vor Leaf und allen anderen, die der Stadt überdrüssig geworden waren.

Leaf stand etwas abseits der Gruppe und starrte auf die Blumen in seiner Hand. Sanft strich er über die Blütenblätter. Edward fiel auf, dass es unter den bunten Blumen keine mit weißen Blüten gab.

»Leaf, hast du keine weißen Blumen?«

Die Blumen im Beet blühten in vielerlei Farben, nur nicht weiß. Als Antwort auf diese Frage zeigte Leaf nach oben.

»Die brauchen Sonnenlicht. Daher ziehe ich sie dort oben.«

Die Stelle in der Wand, auf die Leaf zeigte, befand sich direkt gegenüber dem Eingang der Stadt.

»Wenn ich in den Spalt da raufklettere, kann ich sie dort oben wachsen lassen.«

Wo man auch hinsah, die Felsen waren überall steil, und selbst wenn es Vorsprünge gab, war zu bezweifeln, dass ein Mensch dort hinaufklettern konnte.

»Ich dachte, es gibt nur einen Eingang. Kommt man da drüben denn auch nach oben?«

»Wer den Spalt erklimmt, ja. Ich kann da hoch, weil ich weniger wiege, kleiner bin und mich daran gewöhnt habe, aber andere schaffen das nicht. Außerdem bin ich der Einzige, der sich hier auskennt …«

»Verstehe.«

Wer in diesen verwinkelten Riss hinaufkletterte, war von der Stadt aus nicht zu sehen. Dort oben wuchsen also Leafs Blumen, deren Blütenblätter in Edwards Zimmer gesegelt waren.

»Wäre das nicht schlimm für dich, wenn es auffliegt? Und in der Stadt wollen die doch sowieso keine Blumen. Ist das denn nicht gefährlich?«

»Doch, aber es sind Blumen der Erinnerung. Ich ziehe sie, weil ich überzeugt bin, dass die Menschen aufwachen, wenn sie sie sehen.« Er musste nicht sagen, wer gemeint war. Mit einem sehnsüchtigen Blick sah Leaf die Felswand hinauf, als ob er dort oben etwas Wichtiges erkennen würde.

»Aber vielleicht kann ich das nicht mehr lange machen. Vielleicht ist es an der Zeit … Es ist ja nicht überraschend, dass sich die Menschen verändern … Die weißen Blüten haben für sie wohl keine Bedeutung mehr …«

Edward sah, wie verzweifelt Leaf versuchte, mit seiner Vergangenheit Frieden zu schließen, und da ihm nichts zu sagen einfiel, blieb ihm keine andere Wahl, als sich zu verabschieden.

Als er Leaf verlassen hatte und wieder die Hauptstraße entlangging, beobachtete Edward, wie erneut Dampf aus der Kuppel abgelassen wurde. Sobald man aus dem Schatten in die Sonne trat, spürte man die Wärme am ganzen Körper.

Die Leute, die sich immer in der Sonne aufhalten, haben vermutlich keine Ahnung, wie sich die Kälte in den Schatten anfühlt, dachte Edward. »Aber ich bin doch nur zu Besuch hier. Ich kann die Sonne doch auch nicht auf die ganze Stadt scheinen lassen. Wenn man sich diesen Ort als Unbeteiligter anguckt, entdeckt man, wie vielschichtig er ist. Viel lieber aber wäre ich unterwegs, um mich auf meine eigenen Ziele zu konzentrieren.«

Der Satz klang egoistisch, doch angesichts der Schwierigkeiten, die die anderen zu bewältigen hatten, verspürte Edward tief drinnen auch ein Mitgefühl, dessen er sich bisher gar nicht bewusst gewesen war. Er wollte irgendwie helfen, wusste aber nicht wie.

Um seinen Auftrag zu erledigen und schnellstmöglich die Stadt verlassen zu können, machte sich Edward zu Raygens Herrenhaus auf.

»Deshalb hatte der Sack von Oberst keine Lust. Sobald ich zurück bin, muss ich mich mal ordentlich bei ihm beschweren.«

Auf dem Weg schaute Edward noch kurz bei der ihnen zugewiesenen Hütte vorbei, um Alphonse zu fragen, ob er mitkommen wolle, doch der war gar nicht da.

»Spielt der denn immer noch Samariter …?«

Edward wartete eine Weile, aber da es nicht so aussah, als ob Alphonse demnächst zurückkehren würde, machte er sich wieder auf den Weg. Er wusste, dass seinem Bruder die Stadt gefiel, und wollte deshalb nicht mit ihm darüber reden, was am Unterlauf des Kanals geschehen war. Alphonse, der so positiv über Raygen und die Stadt sprach, wäre wahrscheinlich traurig, wenn er erfuhr, dass manche Menschen auch unter dem Gesetz des Äquivalenten Tauschs zu leiden hatten. Es tat Edward weh, seinen kleinen Bruder so zu sehen. Obwohl er ihm das gern mitteilen wollte, versuchte er das Gespräch so lange wie möglich hinauszuzögern, und begab sich daher allein zu Raygens Villa.

Am Tor angekommen sah Edward die hohen Eisenstäbe hinauf, die die Außenwelt gänzlich aussperrten. Hinter dem Tor lag inmitten eines grünen Parks die weiße Villa. Doch durch die hohen Eisenstäbe blieb ihm der Zutritt verwehrt. Edward legte seine Hand an das Gitter und rüttelte leicht daran, aber es schepperte nur und ließ sich nicht öffnen. Das Geräusch ließ jedoch die Wachen auf beiden Seiten des Tors aufhorchen und sie kamen nachsehen. Edward war ein wenig überrascht, dass das Anwesen bewacht wurde. Das Prinzip des Äquivalenten Tauschs hatte zwar offensichtlich Schwachstellen, doch er hatte Raygen für einen freundlichen Menschen gehalten und am Herrenhaus offene Türen erwartet. Verwundert winkte er den Wachen durch die Eisenstäbe hindurch zu.

»Ähm, hallo! Entschuldigung!«

»Was ist?«

»Können Sie mich reinlassen?«

Angesichts des arroganten Verhaltens der Wache ahnte Edward bereits, dass er abgewiesen werden würde, und wie erwartet runzelte der Mann die Stirn.

»Was sagst du da? Ich kann doch nicht einfach so das Tor aufmachen!«

»Warum denn nicht? Ich will mich doch nur ein bisschen mit Herrn Raygen unterhalten.«

»Tut mir leid, Junge. Du kommst hier nicht rein. Nur das Sicherheitspersonal oder Nahestehende haben Zutritt.«

»Ich darf also nicht zu ihm?«

»Exakt.«

»Oha.« Derart abgefertigt dachte Edward einen Moment frustriert nach.

Soll ich einfach irgendwas in meinen Bericht schreiben, auch auf die Gefahr hin, dass alles auffliegt? Oder soll ich lieber mit Al einbrechen und ihn zwingen, meine Fragen zu beantworten …? Vielleicht verpass ich dem hier auch einfach eine, um hineinzukommen, dachte Edward.

Doch offensichtlich hielt der Wachmann ihn für ein Kind, das Sehnsucht nach Raygen hatte und ihn deshalb sehen wollte. Er wandte sich mitleidig an Edward: »Bist du nicht der Junge, der gerade erst hier angekommen ist? Du hattest das Glück, ihn gestern zu sehen, aber normalerweise hat Herr Raygen immer viel zu tun. Es ist nicht leicht, ihm zu begegnen«, erklärte ihm die Wache freundlich.

Aber genau da bekam Edward flüchtig eine Gestalt zu sehen.

»Was? Al?!«

Eigentlich hatte er Alphonse irgendwo in der Stadt vermutet. Überrascht, dass dem nicht so war und dieser stattdessen geradewegs Richtung Herrenhaus marschierte, packte Edward die

Eisenstäbe mit beiden Händen. Alphonse erkannte, wer ihn gerufen hatte, und drehte sich um.

»Ach, Ed!«

Sein Bruder, der in Rubys Begleitung war, winkte nun stürmisch und rannte zu Edward hin.

»Al! Was zum Teufel machst du denn dadrin?! Hey! Wache! Das ist mein Bruder! Dem stehe ich nahe! Nahestehende haben doch Zutritt! Also lass mich gefälligst rein!« Edward rüttelte am Tor, sodass es wieder laut schepperte. Ruby stand mit leerem Blick auf der anderen Seite.

»Wie ein Tier in einem Käfig.«

»Hmpf.«

Alphonse musste lachen.

»Warum darf der rein und ich nicht?«, fauchte Edward vor dem Tor.

»Ich bin doch noch gar nicht im Haus. Wir wollten grade reingehen. Ich dachte, ich könnte mich mal mit Herrn Raygen unterhalten.«

»Ganz genau. Alphonse, gehen wir.« Ruby nahm Alphonse bei der Hand. Edward schaute sie misstrauisch an.

»Wie kommst du überhaupt da rein? Es heißt doch, man muss ein Wachmann oder zumindest jemand Nahestehendes sein, um reingelassen zu werden ... Was hast du da eigentlich an?«

Ruby, die als Security normalerweise nur Hosen trug, hatte jetzt – warum auch immer – einen langen, weiten Rock an. Es kam Edward komisch vor, wie sie Alphonse an der Hand hielt und wie geziert sie sprach. Ruby kicherte.

»Was zum Teufel lachst du denn so?!« Seit gestern war er mit ihr in Streitereien verwickelt und dass er sie auf einmal kichern hörte, erschien Edward äußerst seltsam. Er sah zu Alphonse. Der fasste sich verlegen mit der Hand an den Hinterkopf.

»Wie? Was ...?«

»Na ja, eigentlich ...«

»Was?«

»Ruby stellt mich als ihren Verlobten vor.«

»Häääääää?!« Etwas anderes brachte Edward nicht mehr heraus. Ihm blieb die Spucke weg. Ruby machte immer noch ein unbeteiligtes Gesicht und klammerte sich an Alphonse' Arm.

»Anders kommt er doch nicht ins Herrenhaus. Alphonse scheint die Stadt so sehr zu gefallen, dass ich beschlossen habe, ihn Herrn Raygen als meinen Verlobten vorzustellen. Stimmt's, Alphonse?«

»Ja.«

»Und was sollen die Klamotten?«

»Mir war eben danach«, antwortete Ruby.

»Das steht dir null!«

»Bist du grob, ey!«

»Ed, da hat sie recht. Sie sieht doch total hübsch aus.«

»Findest du wirklich? Hach, danke schön, Alphonse!« Sein Bruder machte Ruby ein Kompliment, über das sie sich freute, und Edward verstand die Welt nicht mehr.

»Ich check's nicht ...«

Die ganze Zeit hatte er sich Sorgen gemacht, er könne Alphonse vor den Kopf stoßen, wenn er ihm von der Sache mit Leaf erzählte, doch stattdessen amüsierte sich der Herr mit Ruby und spielte Verlobung. Edward war ein bisschen erleichtert, dass es Alphonse wohl nicht ganz freiwillig tat. Doch der Spaß hatte für Edward nun ein Loch.

Als Ruby sein Gesicht sah, musste sie lachen.

»Na, wenn da mal nicht einer eifersüchtig ist, weil er glaubt, ich nehm ihm sein Brüderchen weg, hm?«

»Nö!« Edward lief knallrot an und wurde wütend, weil jemand den Grund für seine Stimmung erraten hatte, obwohl er selbst noch nicht genau verstand, warum er so fühlte.

»Nein, natürlich nicht! Ich wollte eben selber da rein …!«

»Oh, sorry, Ed. Richtig.« Alphonse fiel die Inspektion wieder ein und er befreite sich hastig aus Rubys Umklammerung.

»Okay, geh du rein und tu so, als hättest du dich mit ihr verlobt. Dir kauft man die Rolle sowieso eher ab als so einem Stahlheini wie mir.« Die Inspektion war wichtiger als seine privaten Befindlichkeiten, doch Ruby und Edward schreckten gleichzeitig auf und riefen wie aus einem Mund: »Ist'n Scherz, oder?!«

Ruby sah geringschätzig auf Edward herab und fuhr fort: »Heiraten? Den Gartenzwerg? Nee, danke.«

»Ey, Alte …« Edward war auf hundertachtzig. Ruby versuchte, Alphonse am Arm wegzuzerren.

»Außerdem trägt Alphonse diese Rüstung doch aus Überzeugung, oder?«

»Ah. Äh, ja …«

»So etwas ist doch toll! Ein ästhetischer Mann hat doch was! Ich zumindest find ihn echt super!«

»Oh, danke ...«

Ruby zog Alphonse am Arm demonstrativ fester zu sich und sah Edward trotzig ins Gesicht.

»Also, schön dich kennenzulernen, Schwager.«

»Hä?! Schwa... was?!«

Als ihn eine Fremde auf einmal »Schwager« nannte und ihm Alphonse nehmen wollte, wurde Edward ganz übel, doch plötzlich kam ihm *die* Idee: »Dann stellt mich doch Herrn Raygen als großen Bruder von Rubys Verlobtem vor!«

Er wollte die Situation wenigstens auf diese Weise ausnutzen, aber Ruby schnaubte nur.

»Unmöglich. Wer soll dir denn das abkaufen?«

»Wie?! Warum? Wegen meiner Größe, oder was?«

»Ja, ja, ja und noch mal ja. Ganz genau deswegen.« Alphonse trat zwischen Edward, der sich sogleich auf Ruby stürzen wollte, und seine »Verlobte«, die sich offensichtlich darauf freute.

»Al, halt dich raus!«

»Der sucht doch nur wieder Streit! Alphonse, du brauchst dich nicht einmischen.« Obwohl Alphonse zwischen ihnen stand, funkelten sich Edward und Ruby gegenseitig an. Aus der Ferne erklang mit einem Mal ein Schrei.

»Was war das?«

»Das kam von der Kuppel!«

»Oh!« Alphonse, der die Leute in der Kuppel bereits kennengelernt hatte, setzte sich als Erster in Bewegung. Ruby und Edward folgten ihm. Dort bandagierte eine Frau einem Mann vorsichtig mit einem Handtuch ein Bein.

»Hat er sich verletzt?«, fragte Alphonse Neil, der in der Nähe stand.

»Ja, sein Karren ist umgefallen.« Vor Neil lag ein umgestürzter Transportkarren. Viele Steine waren herausgefallen und hier und da klebte etwas Blut daran. Der Verletzte kauerte am Boden und hielt sich ein Bein. Einer der Steine musste darauf gefallen sein. Edward zog das Handtuch weg und begutachtete das Bein. Obwohl es blutete, war die Wunde nicht tief. Aber es war komplett geschwollen, als habe der Mann noch versucht, dem umstürzenden Wagen auszuweichen, und sich dabei den Fuß verknackst.

»Den hast du dir nur verstaucht. Zwei, drei Wochen Ruhe und du kannst wieder arbeiten. Du hast Glück, dass du dir nichts gebrochen hast.«

Edward klopfte dem Mann aufmunternd auf die Schulter. Doch selbst als sich herausstellte, dass er keine schwere Verletzung davongetragen hatte, zeigte sich niemand erleichtert.

Stattdessen sammelten die Umstehenden stoisch die Steine wieder ein, die vom umgestürzten Karren davongerollt waren. Neil stieß einen tiefen Seufzer aus.

»Ich habe dir doch gesagt: Lass es.«

Der verletzte Mann kauerte immer noch am Boden und zuckte vor Schreck zusammen.

»Das ist dir doch schon mal passiert. Du hast dich verletzt und musstest aufhören, und jetzt wolltest du wieder arbeiten und keine zehn Minuten später hast du den Schlamassel hier. Was soll ich mit einem Kerl, der nur alle andern aufhält, statt zu arbeiten?«

Der Mann hob sein Gesicht, das er zwischen den Knien vergraben hatte.

»Hey, warte! Der Karren war diesmal einfach zu schwer und ist mir deshalb umgefallen. Beim nächsten Mal passiert mir das nicht mehr ...!«

Edward bemerkte, dass der Mann, der sich gerade an Neil klammerte, derselbe war, der vorhin gesagt hatte, er wolle wieder in der Fabrik anfangen.

»Bitte! Ich werde von der Armee gesucht! Ich habe Angst davor, von hier wegzugehen! Lass mich meine Arbeit machen!«

»Warum holst du dann nicht einfach Wasser oder so?«

»Davon kann man nicht leben!« Der Mann legte niedergeschlagen die Hände auf den Boden. Er musste am Rande eines Nervenzusammenbruchs sein. Tränen tropften auf den Boden. Neben seinem Schluchzen erklangen nun eilige Schritte auf dem Kies.

»Ich habe wen schreien hören und wollte mal sehen, ob ...«

Alle drehten sich um und sahen Evans und Leaf am Fabrikeingang stehen.

»Geht es Ihnen gut, Herr Kett?« Leaf kniete sich hin und stützte den Verwundeten, der vor sich hin schluchzte. Er hatte wohl schon befürchtet, dass sich Kett, so schwach wie er war, bald verletzen würde. Evans und Leaf hatten die Schreie gehört und waren herbeigeeilt.

»Er hat sich nur das Bein verstaucht. Das verheilt ganz schnell.«

»Dann ist ja gut ...«

Edward brachte den offensichtlich besorgten Leaf auf den aktuellen Stand, was die Verletzung betraf.

Alphonse stand daneben und beobachtete Neil und Evans genau.

»Neil, können wir das nicht noch mal überdenken?«, schaltete sich nun Evans ein.

»Was meinst du mit ›überdenken‹?«

»Wenn wir unsere Arbeit nur danach ausrichten, ob es Herrn Raygen nützt oder nicht, wird die Schere zwischen Arm und Reich immer größer. Äquivalenter Tausch hin oder her. Glaubst du wirklich, dass man auf diese Weise ein Paradies auf Erden schafft? Könnte nicht jeder in der Stadt Herrn Raygen vorschlagen, mehr gegen die soziale Ungerechtigkeit zu tun?«

»Du willst, dass wir denen, die nicht arbeiten, genauso viel Geld geben? Tut mir leid, aber ich arbeite hier fünfzehn Stunden am Tag. Ich teile doch nicht mit jemandem, der den lieben langen Tag nur auf der faulen Haut liegt.«

»Warum arbeitest du fünfzehn Stunden? Um dich bei Herrn Raygen zu revanchieren? Für Geld?« Neil antwortete nicht. »Richtet man sich nur nach dem Äquivalenten Tausch und lässt das Mitgefühl komplett außen vor, geht die Stadt vor die Hunde.«

»Gib nicht Herrn Raygen die Schuld an deiner Faulheit!« Ruby hatte bisher schweigend geholfen, die Steine wieder einzusammeln, doch auf Evans' Worte hin richtete sie sich auf.

»Mit der früheren Welt warst du doch genauso unzufrieden wie mit dir selbst, stimmt's? Wir haben doch beschlossen, eine neue Welt aufzubauen, ganz nach Herrn Raygens Wünschen, da wir ihm so viel verdanken. Ich kann nicht glauben, dass ihr das jetzt so einfach wegschmeißt, nur weil ihr eben nicht mithalten könnt. Haut doch einfach ab, wenn ihr dazu nicht in der Lage seid!«

Sie hatte sich derart in Rage geredet, dass ihr niemand antworten mochte. Man hörte ihr an, wie sehr sie hinter ihrer Überzeugung stand.

»Ähm, wenn ich was sagen darf …« Nun meldete sich Edward zu Wort. »Diese Menschen hier sind doch keine Marionetten. Sie sind Lebewesen, die für sich selbst stehen und denken. Ruby, das verstehst du doch, oder?«

»Was? Na klar. Und?« Ruby blickte Edward an, als wolle sie sagen: »Was soll der Mist? Halt dich raus!«

»Das sind sie aber nicht, wenn keiner mehr mitdenkt und die Sachen hinterfragt.«

Ruby schien nicht zu verstehen. Sie machte auf dem Absatz kehrt, womöglich weil ihr der mitleidige Blick unangenehm war, mit dem Edward sie bedachte. Doch ein Schatten stellte sich ihr in den Weg.

»Leaf …«

Der Junge hielt ihr seine bunten Blumen hin. Darunter waren auch weiße Blüten.

»Ruby, da, die Blumen sind für dich.«

Ruby schaute kalt auf Leaf herab.

»Ich bin es leid, immer wieder das Gleiche sagen zu müssen, daher sage ich es nur noch ein einziges Mal.« Ihre Stimme klang derart emotionslos, dass Alphonse sie ganz überrascht ansah.

Edward blieb ein stiller Beobachter.

»Die Blumen ernähren niemanden in der Stadt. Nützen sie denn irgendwem? Hör doch endlich mal mit diesem blöden Pflanzenkram auf!«

Leaf antwortete nicht.

»Du erinnerst dich doch daran, wie unsere Heimatstadt im Bürgerkrieg niedergebrannt wurde, oder? Hast du dir damals nicht auch geschworen, stark zu sein? Wolltest du nicht die Kraft haben, selbstbestimmt zu leben? Und dann habe allein *ich* seit unserer Ankunft nichts anderes getan als die zu schützen, die nur mit Blumen tändeln oder erst gar nicht arbeiten ...«

Ruby drehte sich zu Evans und den anderen um.

»Ruby, du hast dich verändert ...«, antwortete Leaf traurig, worauf die junge Frau ihm nüchtern antwortete: »Ja. Ich habe mich verändert.« Leaf schwieg.

»Ich bin nicht mehr das kleine Mädchen, das sich die Augen ausweint. Das habe ich so beschlossen. Warum änderst du dich nicht auch? Warum versuchst du nicht einfach, alles hinter dir zu lassen und weiterzuziehen, anstatt immer in der Vergangenheit zu leben?« In Rubys Stimme lag kein Fünkchen Unsicherheit. Edward spürte eine Gefahr darin, dass sie nur die schöne Seite der Stadt sehen wollte, obwohl sie doch um die Situation in den Schatten wusste.

»Ich nehme deine Blumen. Aber das ist das letzte Mal.«

Kaum hatte sie den Strauß in Händen, wollte sie wieder die weißen Blüten herausziehen, doch Leaf hielt sie auf. Er starrte ihr unverwandt in die Augen und steckte die Blumen zurück.

»Die sind nicht für die Stadt, sondern für dich, Ruby. Komm schon, wach auf.«

»Wie ... aufwachen, was?«

»Du erinnerst dich doch an diese Blumen, oder?«

Rubys Blick wurde unruhig. »Ich sagte doch, ich mag keine weißen Blumen!« Heftig schüttelte sie die Hand und die Blüten fielen zu Boden.

»Wenn hier einer aufwachen muss, dann du!«

»Ruby ...«

Sie hatte es so impulsiv hervorgestoßen, dass Alphonse unwillkürlich nach ihr rief, aber Ruby war schon davongestürmt. Leaf schrie ihr nach: »Ruby, du weißt doch selbst, wie weh es tut, wenn man nicht als Mensch behandelt wird!«

Für so einen kleinen Kerl hatte er überraschend laut geschrien und seine Worte hallten von den Felswänden wider, bevor sie schließlich im Wind verstummten.

»Leaf ...«, setzte Edward an.

»Es tut mir ja leid.«

»Menschen verändern sich über die Jahre. So ist das nun mal.«

Die Blumen, die er gezüchtet hatte, um Ruby zur Besinnung zu bringen, lagen nun auf dem Boden.

»Was tust du jetzt?«

»Ich geh weg«, sagte Leaf entschlossen.

»Willst du nicht noch ein bisschen hierbleiben? Vielleicht ergibt sich ja noch eine Gelegenheit, mit Herrn Raygen zu sprechen und das Gesetz zu ändern.«

»Entschuldige, aber ich habe nicht vor, Widerstand zu leisten oder die Fäuste gegen Herrn Raygen zu erheben. Es gibt zweifellos Menschen wie uns, denen es mit dem Äquivalenten Tausch dreckig geht, aber manche sind ja auch glücklich damit. Ich wollte nur, dass Ruby das erkennt. Sie soll nicht denken, dass für alle Menschen nur eine einzige Lebensweise gilt.«

Leaf half Kett wieder auf die Beine.

»Kommen Sie, Herr Kett.«

»Leaf, wenn du gehst, geh ich auch. Sag Herrn Raygen, er soll uns in einer anderen, einer neuen Stadt vorstellen.«

»Ist recht.«

Edward wurde klar, dass Leaf nicht der Einzige sein konnte, der sich von hier verabschiedete. Es musste noch viele andere geben. Wenn man in Wisteria aufgenommen wurde, wirkte alles zunächst sehr freundlich, aber sobald man hier lebte, stellte sich heraus, dass dem nicht so war. Edward blickte wieder die Felswand empor, von der der Lärm der Fabrik widerhallte.

»In so einem Loch macht man's sicher nicht lange.«

Mit jedem Windhauch roch Edward das fragile Gleichgewicht einer Stadt, die kurz vor dem Zusammenbruch stand.

Alphonse sagte kein Wort, bis sie in ihrem provisorischen Zuhause ankamen. Edward setzte sich aufs Bett und warf seinem Bruder einen flüchtigen Blick zu. Die Rüstung verriet keinerlei Gemütsregung, trotzdem spürte er durch dessen schweigende Haltung auf dem Stuhl, dass Alphonse etwas auf dem Herzen hatte.

Wisteria hatte ihn von Anfang an beeindruckt. Eine Stadt unter der Führung eines sanften und liebenswürdigen Herrn, in der alle fröhlich waren. Und der Äquivalente Tausch ermöglichte es den Menschen, die Vergangenheit hinter sich zu lassen und optimistisch in die Zukunft zu blicken. Nur war dem eben nicht so.

Natürlich musste auch Alphonse wissen, dass es so etwas wie einen perfekten Ort nicht geben konnte. Er hatte sich tief von Raygens Bereitschaft beeindrucken lassen, sich um die Bedürftigen zu kümmern, die von niemandem sonst Hilfe zu erwarten hatten. Andererseits war er gerade Augenzeuge des Konflikts geworden, der durch den von Herrn Raygen postulierten »Äquivalenten Tausch« hervorgerufen wurde. Vielleicht hatte Alphonse es auch schon von allein herausgefunden. Es ließ sich nachvollziehen, dass er schockiert war. Edward wusste nicht, wie er die Angelegenheit zur Sprache bringen sollte, und er hatte auch keine Ahnung, was Alphonse eigentlich wollte. Daher beschloss er, vorerst den Mund zu halten.

Er legte sich mit dem Rücken aufs Bett und schaute durch das Fenster in den Himmel. Seine Beine ließ er über die Bettkante baumeln. Auf einmal machte Alphonse den Mund auf: »Deine Füße …«

»Hm?«

Edward wusste erst gar nicht, was sein Bruder meinte.

»Deine Füße!«, wiederholte Alphonse noch einmal. Diesmal zeigte er mit einem Finger auf Edwards Beine.

»Oh, sorry.« In der Annahme, dafür getadelt zu werden, dass er sich mit Schuhen aufs Bett gelegt hatte, entschuldigte sich

Edward. Er setzte sich auf und zog sie aus. Doch Alphonse, der vor ihm saß, starrte ihm nur noch mehr auf die Füße.

»Du hast dir Blasen gelaufen, stimmt's?«, sagte Alphonse plötzlich.

Edward, der nun brav auf seinem Bett saß und die Hände auf den Schoß gelegt hatte, war überrascht.

»Hm? Was? Was meinst du?«

»Da, Blasen.«

Alphonse betrachtete weiter die offenen Stellen an Edwards Füßen.

»Bevor wir nach Wisteria gekommen sind, haben wir viele Tage in den Bergen verbracht, und auf dem Weg hierher sind wir durch Ödland gelaufen. Mir war bewusst, dass du Blasen an den Füßen hattest, Ed.« Alphonse hatte davon gewusst, obwohl Edward nicht darüber gesprochen hatte. Da er sie gekühlt hatte, waren die Schmerzen inzwischen verschwunden. Er hatte es gar nicht ansprechen wollen, aber was noch wichtiger war: Ihm war nicht klar, warum Alphonse ausgerechnet jetzt damit anfing, also hörte Edward erst einmal mucksmäuschenstill zu.

»Das muss echt wehtun, oder? Du hast zwar nichts gesagt, aber ich hab es gleich gewusst. Du hast sogar gehinkt.«

Alphonse war immer mit ihm unterwegs. Natürlich musste ihm da auffallen, wenn Edward auf dem Weg nach Wisteria auf einmal humpelte.

»Ich verstehe ... Aber es tut nicht mehr weh, also alles gut.« Edward wollte ihm sagen, Alphonse solle sich keine Sorgen machen, aber der schüttelte leise den Kopf und seufzte.

»Hä?«

»Ich hab mich nicht um deine Blasen gekümmert.« Alphonse blickte auf und sah seinen Bruder fest an. »Warum hast du mir nicht gesagt, dass du Schmerzen hast?«

»Warum ...? Hm. Es war auszuhalten ...« Edward hatte Alphonse gegenüber nicht erwähnt, dass er sich schmerzhafte Blasen gelaufen hatte. Edward war nie in den Sinn gekommen, dass sich jemand wie er, der seine jüngeren Geschwister beschützen und auf den man sich verlassen sollte, wegen einiger Blasen an den kleinen Bruder wenden würde.

»Ich kann dir als großer Bruder doch nicht vorheulen, dass mir die Füße wehtun ...«

»Und deshalb hältst du lieber das Maul?«, fiel Alphonse Edward ins Wort. »Du hast es mir einfach nicht sagen wollen, hab ich recht?« Alphonse legte sich die Handflächen auf die Brust.

»Ich kriege keinen Hunger. Mir tun die Füße nie weh. Ganz im Gegenteil, sie sind genauso stark wie die von Erwachsenen. Wenn du sagst, dass dir was wehtut, Ed, dann kann ich dich huckepack nehmen. Ich hätte dir helfen können, aber du hast kein Wort gesagt.«

Edward wusste nichts zu erwidern.

»Das liegt daran, dass dieser starke Körper eben nicht das ist, was ich eigentlich bin, korrekt? Denn normalerweise könnte ich mit meinem Bruder auf dem Rücken nicht durch die Wildnis rennen. Eigentlich bin ich ja nur ein schwaches Kind, das gerade mal ein bisschen größer ist als du, Ed. Das ist doch der wahre Grund, warum du bei mir nicht jammern kannst!«

Alphonse' Körper wurde nie müde, fühlte keinen Schmerz und musste nie schlafen. Edward hatte Alphonse' Seele an jene Rüstung gebunden, die keine menschlichen Bedürfnisse verspürte. Alphonse dachte, dass sich Edward deswegen irgendwie schuldig fühlte und deshalb zögerte, ihm von seinen eigenen Problemen zu erzählen.

»Klar will ich wieder so werden wie früher, aber trotzdem kann ich doch jetzt mit diesem Körper das machen, was mir damit möglich ist. Daher tut es weh, dass du dich zurückhältst, nur weil ich nicht der bin, der ich eigentlich sein sollte.« Es lag kein Vorwurf in seiner Stimme.

»Ich werde definitiv dafür sorgen, dass du wieder wirst wie früher. Dafür setzen wir auch auf jeden Fall unsere Reisen fort«, sagte Edward energisch, um Alphonse aufzumuntern.

Die Automails, die Edward die fehlenden Gliedmaßen ersetzten, waren bestimmt auch nicht gerade angenehm. Trotzdem stand sein kleiner Bruder für ihn immer an erster Stelle und nie verlor er je nur ein Sterbenswörtchen darüber. Alphonse war ihm dafür von Herzen dankbar und wollte seinem Bruder daher ebenfalls die Last erleichtern. Es war nicht in seinem Sinne, dass Edward sich zurückhielt. Dieses Gefühl war ihm nicht fremd, er hatte schon immer so empfunden. Aber gleichzeitig konnte er ihm auch nicht sagen, dass er seine Rüstung so gut wie möglich einsetzen wollte. Immerhin setzte sich Edward mit aller Kraft dafür ein, ihm seinen alten Körper wiederzubeschaffen.

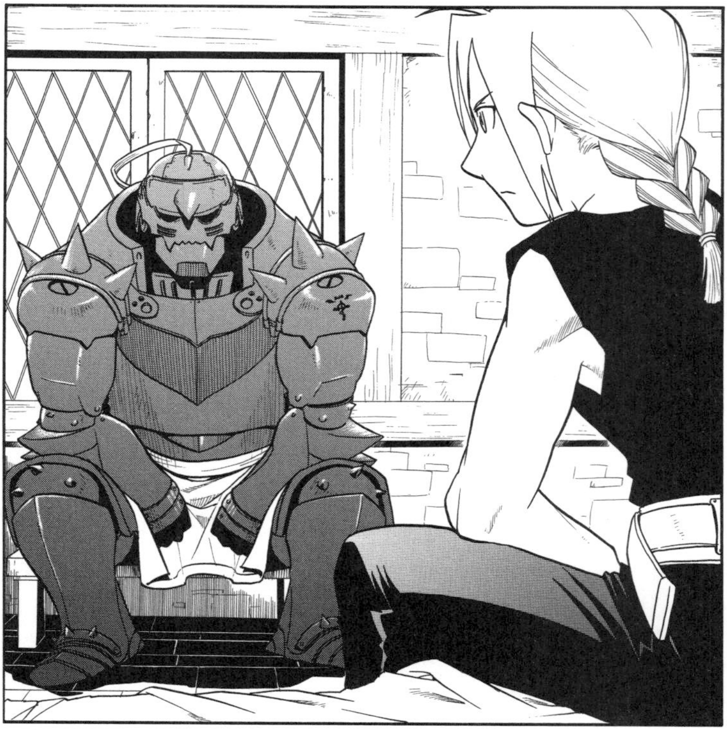

Auch Alphonse war manchmal unsicher, was er tun sollte. Er fürchtete zu vergessen, wer er eigentlich war, wenn er sich weiterhin auf diesen geliehenen Körper verließ. Deshalb hatte es ihn auch so sehr bewegt zu sehen, wie positiv die Menschen in Wisteria nach vorn blickten und wie stolz sie auf sich waren. Ungeachtet ihrer Automails gaben sie ihr Bestes, selbst wenn sie ihre Angehörigen verloren hatten.

Alphonse erkannte, dass sein Bruder und er nicht in die Zukunft blicken konnten, weil sie immer nur darauf erpicht gewesen waren, ihre alten Körper zurückzuerhalten.

»Deshalb dachte ich eben, dass Herr Raygen, der die Menschen in Wisteria in ein neues Leben geführt hat, meine Gefühle versteht und mir einen Tipp geben könnte, was ich tun soll.«

»Ach so ...« Edward nickte bedächtig. Er wusste, dass ihm Alphonse keine Schuld gab, aber er verstand auch, welche Sorgen seinen Bruder quälten.

Es folgte eine ewig lange Stille.

Das Rauschen des Wassers, das durch den Kanal floss, war auf einmal ohrenbetäubend laut.

»Al ... sag mal ... Willst du in Wisteria bleiben?«

Der bisherige Verlauf ihrer Unterhaltung hätte diese Schlussfolgerung nahegelegt. Obwohl er gesehen hatte, dass es unter Raygens Äquivalentem Tausch auch Menschen gab, die leiden mussten, war es möglich, dass Alphonse das Gesetz der Stadt respektierte. Wenn er sich von dem Wunsch, seinen ursprünglichen Körper wiederzuerlangen, lösen wollte und einen Neuanfang in seinem »neuen Körper« anstrebte, hatte Edward kein Recht, ihn davon abzuhalten. Er hielt seinen Bruder an der Hand und wartete auf eine Antwort.

Alphonse stand auf. »Du, Ed. Bist du eigentlich mit dir zufrieden, so wie du jetzt bist?«

Alphonse setzte sich auf die Stufen vor der Tür und blickte auf das Wasser im Kanal.

»Was?«

»Also, ich find mich gut. Ich wäre sehr froh, wenn ich mit diesem Körper jemandem nützlich sein könnte. Ich finde auch die Einstellung der Leute in der Stadt toll, dass man gut so ist, wie man eben ist. Aber ...« Alphonse schaute zu Edward zurück. »Vorhin hast du zu Ruby was gesagt. Die Leute hier seien keine Marionetten, sie seien Lebewesen, die für sich selbst stehen und denken. Weißt du noch?«

»Ja.«

»Ich hatte vor, mich ganz für Herrn Raygen einzusetzen. Aber dann wäre ich auch eine Marionette, die nur dem Folge leistet, was ihr befohlen wird. Das habe ich erkannt, als du das gesagt hast. Ich kann nicht vergessen, wer ich mal war, und muss einfach akzeptieren, wie ich jetzt bin. So wie ich einst war und so wie ich heute bin ... Ich bin eben beides. Na, Menschen sind aber auch kompliziert, was?«

Alphonse' Stimme klang wieder heiter. Er hatte eine Lösung für das gefunden, was ihn gequält hatte.

»Al ...!«

»Danke, Ed. Hättest du das nicht gesagt, hätte ich die Hoffnung aufgegeben, irgendwann in mein altes Ich zurückzukehren.

Anders als in der Rüstung werde ich wieder müde werden, mich verletzen und ohne Essen zusammenbrechen …« Mit einem kleinen Lachen mitten im Satz brach Alphonse ab.

»Wenn ich meine Rüstung loswerde, wird nur bleiben, dass ich größer bin als du, Ed. Allein mein Körper zählt. Ich will ihn immer noch wiederhaben.«

»Ey! Dünnes Eis!« Grinsend gab Edward Alphonse eine Kopfnuss und sagte leise: »Weißt du, was du vorhin gesagt hast, dass ich mich zurückhalte … Ich werde dir nicht noch mehr aufbürden. Egal ob du nun in einer Rüstung steckst oder nicht.«

»Aber genau das sollst du doch!«

»Ich werde dir nichts aufbürden, einfach weil ich dein großer Bruder bin. Ich muss doch für dich da sein. Nicht andersrum. Also kein Huckepack, wenn ich Blasen bekomme. Kapiert?«

»Boah, bist du stur, Ed!« Alphonse lachte lauthals los. »Ich hab schon verstanden, dass du zu stolz bist, dir von deinem kleinen Bruder helfen zu lassen. Aber auch jüngere Brüder wollen Verantwortung übernehmen. Eines Tages werde ich dich bestimmt mal auf dem Rücken tragen.«

Edward lächelte über Alphonse' fröhliche Stimme.

»Kannste vergessen. Wenn du aber in deinen ursprünglichen Körper zurückkehrst, werd ich das bei dir machen. Darauf freu ich mich schon.«

»Du willst mich tragen? Na, ob du das schaffst … Ich bin doch größer als du.«

»Größe spielt keine Rolle!«

»Jaja. Schon klar.«

»Hundertpro!!«

Lachend schauten Edward und Alphonse in den blauen Himmel. Über der Felswand zogen Wolken vorbei und veränderten vom Wind getrieben langsam ihre Form. Ohne hinzusehen, hielt Edward Alphonse die Faust hin. Alphonse schlug dagegen. Faustcheck.

»Al, wir finden bestimmt einen Weg, wieder so zu werden wie früher. Bis dahin lassen wir uns nicht unterkriegen!«

»Okay!«

Sie nickten einander fest entschlossen zu. Edward stand auf und streckte sich ausgiebig.

»Da das jetzt geklärt ist, sollten wir allmählich die Biege machen.«

Von der dunklen Seite Wisterias war Edward ganz und gar nicht begeistert und schnappte sich seinen Koffer, um noch in der aktuellen Hochstimmung aus der Stadt zu verschwinden.

Doch Alphonse hielt ihn am Arm fest.

»Ed, warte mal.«

»Was denn? Das mit der Inspektion hat sich schon erledigt. In die Villa haben wir es ja nicht reingeschafft.«

»Darum geht's nicht. Also ...« Alphonse zögerte einen Moment und sagte dann: »Findest du das denn nicht komisch?«

»Komisch?«

Alphonse zeigte auf das Herrenhaus.

»Warum sollte jemand, der vorgibt, für Menschen in Not da zu sein, und ihnen dabei zu helfen, schwierige Zeiten zu vergessen, auf dem Äquivalenten Tausch bestehen, obwohl dieser letztlich noch mehr Menschen in Schwierigkeiten bringt?«

Alphonse' Blick fiel auf das verstärkte Eisentor und die Mauer rings um das Grundstück. Raygen hatte sich komplett vor den Einwohnern der Stadt abgeschottet.

»Es ist doch seltsam, dass ein Mann, der sich anderen gegenüber so freundlich und umgänglich zeigt und alle so akzeptiert, wie sie sind, der Allgemeinheit keinen Zutritt zu seinem Haus gewährt.«

Die Tore ließen sich von außen nicht öffnen. Nur Raygen höchstpersönlich war dazu in der Lage. Augenscheinlich wollte er zu bestimmten Zeiten einfach nicht beobachtet werden.

»Sicher, keine Ahnung, was er für tolle Führungsqualitäten hat, aber es ist schon seltsam, dass er nur ausgewählte Leute in seine Nähe lässt.«

»Wie du schon gesagt hast, mir ist auch aufgefallen, dass weder Ruby noch Neil irgendwas infrage stellen. Sie sind so davon besessen, die Vergangenheit zu vergessen und durch den Äquivalenten Tausch Kohle zu scheffeln, dass sie gar nicht mehr wissen, wie man sich menschlich verhält. Sie sind eher ...«

» ... wie ergebene Soldaten?«

»Ja.«

Edward und Alphonse dachten darüber nach, was die Leute in der Stadt gesagt hatten: eine starke Stadt, eine neue Welt ... Sie befürchteten beide das Gleiche.

»Es ist ja nicht so weit hergeholt, dass Menschen, die mit dem Militär unzufrieden sind, sich einen idealen Staat schaffen wollen.«

Viele Menschen dachten so. Personen mit Charisma und finanzieller Macht versuchten immer wieder, die Militärregierung zu stürzen, und genau auf solche Elemente hatte das Militär ein wachsames Auge.

»Die buddeln also ihre Edelsteine aus und verwenden das Geld zur Gründung eines idealen Staates ... Unter dem Deckmantel des Äquivalenten Tauschs könnte man so Soldaten und Arbeitskräfte in die Stadt bringen.«

»Wollen wir dafür Beweise suchen und es der Armee melden?«

Edward wusste nichts zu erwidern. Auch Alphonse schwieg nun. Der Großteil der Einwohner von Wisteria, darunter auch Neil und Ruby, lebten hier glücklich. Die Brüder zögerten daher, ihnen das alles kaputt zu machen.

Schließlich sprach Alphonse: »Ich will es eigentlich nicht melden ... Ich möchte nur sicherstellen, dass die Menschen in der Stadt die Wahrheit erfahren, sodass sie für sich selbst entscheiden können. Das ist jetzt total egoistisch, aber ... ich will auch was herausfinden.«

»Was denn?«

»Na ja, wer dieser Raygen ist und was er im Schilde führt.«

Alphonse hatte sich wie so viele andere von Raygens Freundlichkeit blenden lassen und er wusste, dass es etlichen Einwohnern ebenso ging. Er wollte die Wahrheit erfahren, für sich selbst und auch für alle anderen. Edward verstand dieses Gefühl sehr gut.

»Okay, abgemacht. Bin dabei.«

»Danke dir, Ed!«

Kapitel 4

Die Wahrheit kommt ans Licht

Im Sonnenlicht leuchtete das weiße Herrenhaus. Das Grundstück war an drei Seiten von hohen, dicken Mauern umgeben, die das Gelände von allen anderen Häusern und der Straße abschotteten, und dahinter ragte die Felswand auf. Vor dem einzigen Zugang patrouillierten Wachen.

»Um sich vor den Banditen da draußen zu schützen, verstehe ich die Sicherheitsvorkehrungen oben am Eingang ja, aber hier? Der verheimlicht doch was! Da bin ich sicher«, murmelte Edward, als er die hohe Mauer emporblickte.

»Wenn man einmal anfängt, etwas verdächtig zu finden, kommt einem gleich alles seltsam vor. Die Mauer hier kann man doch von der Stadt aus sehen.«

»Ja.«

»Schauen wir mal näher bei den Felsen.«

Alphonse ging die Mauer entlang und suchte eine Stelle, die von der Stadt aus nicht einsehbar war. Sie taten, als gingen sie spazieren, um einen geeigneten Fleck zu finden, von wo aus sie hineingelangen konnten.

»Eigentlich ... Al, du hast gerade zum ersten Mal vorgeschlagen, dass wir irgendwo einbrechen sollen. Sonst bin doch immer ich derjenige, der solche Ideen hat, während du mir sagst, ich soll's lassen.«

Edward warf Al einen Blick zu. Wann immer die Brüder auf ihren Reisen dazu genötigt waren, irgendwo einzubrechen, stets war es Edward, der dazu den Anstoß gab. Aber dieses Mal kam der Vorschlag von dessen kleinen Bruder Alphonse und er meinte es wirklich ernst.

Als ihm Edward das so direkt sagte, lachte Alphonse etwas verlegen. »Na, dann ist es eben mal andersrum. Sorry.«

»Ach, die Rolle des älteren Bruders, der den kleinen davon abhält, was Überstürztes zu tun, ist gar nicht mal so schlecht.«

Daraufhin boxte Alphonse Edward in die Seite.

»Was sagst du da? Wie, du hältst mich ab? Hast du nicht selber gesagt, wir sollen einbrechen, bevor es dunkel wird?«

Die Idee kam zwar von Alphonse, doch der Plan, dies vor Einbruch der Nacht zu tun, stammte von seinem großen Bruder.

»Wenn der wirklich was zu verbergen hat, dann sind die Sicherheitsmaßnahmen nachts doch bestimmt viel stärker. Tagsüber wäre es dann sicher klüger.«

»Ja, schon, aber ...«

An der Felswand mussten sie stehen bleiben und sahen sich um.

»Hier kann man uns von der Stadt aus nicht beobachten.«

Sie schauten auf das Stück Mauer, das sich im toten Winkel der Häuser befand. Hinter dem Mauerwerk tanzten Blätter im Wind, was darauf hindeutete, dass auf dem Grundstück Bäume gepflanzt worden waren.

»Mit Alchemie könnten wir uns zwar leicht Zutritt verschaffen, aber ich weiß nicht, was uns auf der anderen Seite erwartet ... Okay, jetzt.«

»Ja.«

Als er sich vergewissert hatte, dass niemand da war, ließ Alphonse Edward auf seine Schultern klettern und stand auf. Edward streckte sich, so gut er konnte, und lugte über die Mauer.

»Wie ist es dadrin?«

»Ich kann durch die Bäume nicht viel sehen, aber ...«

Vorsichtig schob Edward die Blätter vor seinen Augen aus dem Weg. Als Erstes erblickte er das Herrenhaus. Es war hell und weitläufig und an verschiedenen Stellen standen Wachposten.

»Selbst mittags gibt es ein, zwei ... fünf Wachen. Ach, aber mit dem ganzen Gestrüpp als Deckung kriegen wir das trotzdem hin.«

Beim Herrenhaus, das im sonnigsten Teil der Stadt stand, wuchsen die Pflanzen offensichtlich gut. Es gab hohe Bäume, alles war dicht bewachsen. Edward prüfte erst die Stärke des Mauerwerks, dann nutzte er den Schatten des Laubs und kauerte sich auf die Mauer, um nicht von den Wachen gesehen zu werden. Er signalisierte Alphonse, dass die Luft rein war.

»Kann ich hoch?«

»Ja, ist okay. Durch die vielen Blätter hast du eine gute Deckung.«

Nach der geflüsterten Absprache warf Alphonse Edward das mitgebrachte Seil mit einem daran befestigten Haken zu. Edward brachte es an einem Mauervorsprung des Herrenhauses an. Der Lärm aus der nahe gelegenen Fabrik hallte von der Felswand direkt daneben wider und das Echo übertönte die Geräusche der Elrics.

Alphonse kletterte auf die Mauer und beide versteckten sich im Schatten der großen Blätter. Dort hatten sie eine gute Deckung und konnten weder vom Herrenhaus noch von der Stadt aus entdeckt werden. Alphonse holte gerade das Seil ein, als ein Quietschen erklang.

»Was ist das denn?«

Sie hörten, wie das Eisentor geöffnet und wieder geschlossen wurde. Mit angehaltenem Atem beobachteten sie, wie Kett, der sich auf Krücken vorwärtsbewegte, und Leaf in Begleitung eines Wachmanns das Gelände betraten.

»Sie haben gesagt, dass sie die Stadt verlassen wollen und von Raygen eine Empfehlung für die nächste Beschäftigung wünschen.«

»Sonst wird es schwer für sie zu überleben.«

Sie hatten es zwar unter den von Herrn Raygen erlassenen Gesetzen nicht leicht, aber ohne Empfehlung wäre es für sie nahezu unmöglich, woanders eine Stelle zu finden, wo sie überleben konnten.

»Weißt du, anfangs dachte ich, es war saunett von Herrn Raygen, ihnen zu helfen. Jetzt denke ich, er hätte das schon viel früher tun sollen.« Alphonse schaute zur Stadt.

»Hier ist es so hell, dass man flussabwärts in den Schatten gar nichts erkennen kann.«

Alphonse war kurz davor das erste Mal in den Schatten gewesen, um in einem verfallenen Haus nach Seilen und Haken zu suchen. Es hatte ihm einen Schock versetzt, wie sehr sich dieses von seinem bisherigen Bild von Wisteria unterschied.

»Ich wette, Herr Raygen hat keine Ahnung, wie es in den Schatten ist ...«

Alphonse wusste jedoch, dass manche Menschen hier genauso hart um ihr Überleben kämpften wie Leafs Blumen, die im Schatten blühten. Raygen weigerte sich offensichtlich, die Realität anzuerkennen, aber was mochte er stattdessen sehen?

»Ed, gehen wir.«

Um das herauszufinden, richtete Alphonse den Blick auf das Herrenhaus. Unter dem Baum, in dem sie sich versteckten, wuchs dichtes Gebüsch. Edward beschloss, dort hinunterzuspringen. Mit Blick auf die Fabrik schräg hinter ihnen kniete er sich schon auf die Mauer und Alphonse tat es ihm gleich.

»Gleich ist es wieder so weit.«

Vor ihren Augen öffnete sich langsam das Dach der Kuppel.

»Jetzt!«

Mit dem Zischen des Dampfs, der in den Himmel ausgestoßen wurde, ließen sie sich auf den Boden fallen. Das Zischen war so laut, dass es sogar das Scheppern von Alphonse' Rüstung überdeckte, als er auf dem Boden landete.

»Alles okay?«

»Sieht so aus.«

Sie drückten sich tief auf den Erdboden und taxierten ihre Umgebung, doch niemand kam herbei, um nachzusehen. Vom Gebüsch aus spähten sie zum Gebäude und verschafften sich einen Überblick.

»Wir sind hier schräg gegenüber vom Herrenhaus.« Alphonse war ja kurz zuvor bereits auf dem Gelände gewesen und sagte, wo sie sich ungefähr befanden. »Ich habe ja nur von der Einfahrt aus flüchtig einen Blick auf alles werfen können, aber das Herrenhaus ist symmetrisch angelegt.«

»Auf der andern Seite sieht es also genauso aus? Dann ist es ja egal, wie rum wir gehen«, sagte Edward und spähte hinter einem Busch hervor.

»Um den idealen Staat zu gründen, braucht es einmal die Finanzierung, die richtigen Leute und …«

»Eine Waffenkammer.«

Jedoch waren an allen Fenstern die Vorhänge aufgezogen und es gab nichts, was verdächtig gewesen wäre. Alle Fenster, die sie sehen konnten, standen sogar zum Lüften offen.

»Wenn sie die Waffen irgendwo anders als in der Villa verstecken wollen …«

Edward schaute zu Boden.

»Klar, unterirdisch.«

»Ja. Aber wie kommen wir rein? Den Keller kann man sicher nur vom Haus aus betreten.«

»Hmmm.«

Edward sah auf und richtete den Blick hinter das Haus. Dort floss das Wasser aus den Felsen durch eine große Schleuse.

»Ruby hat doch gesagt, dass das Flusswasser, das durch Schleusen reguliert wird, in zwei Kanäle aufgeteilt ist, von denen einer durch die Stadt und der andere unterirdisch verläuft. Richtig?«

Von der Schleuse aus führte der Kanal wie ein kleiner Bach am Herrenhaus vorbei durch die Stadt und versorgte die Häuser mittels kleiner Öffnungen in den Mauern. Edward betrachtete die Schleuse und den Kanal, das Haus und die Größe des Grundstücks. Dann richtete er den Blick auf seine Füße.

»Unter dem Herrenhaus verläuft ein unterirdischer Kanal. Der muss doch an dem Keller vorbeifließen. Vielleicht gibt es eine Verbindung.«

»Da hast du recht. Wenn wir den Eingang vom Kanalbau finden, kommen wir vielleicht hinein ...«

»Ja, könnte klappen.«

Auf der Suche nach einem Zugang in den Untergrund schlichen Edward und Alphonse an der Mauer entlang.

»Ed!«

Alphonse hatte eine einzelne rechteckige Eisenplatte entdeckt und rief Edward zu sich, der den Boden in der entgegengesetzten Richtung inspizierte.

»Hier. Das muss es doch sein, oder?«

Schräg hinter dem Herrenhaus lag eine stark verrostete Eisenplatte auf dem Boden. Sie ließen eine Wache passieren, dann sprang Edward als Erster aus dem Gebüsch und rannte zu der Platte. Er steckte die Finger in eine Vertiefung und versuchte sie hochzuheben.

»Boah, die wiegt ja Tonnen!«

Die Eisenplatte war etwa einen Quadratmeter groß und ziemlich schwer. Alphonse eilte hinzu und packte mit an. Zu zweit gelang es ihnen. Aus dem freigelegten Loch wehte ihnen ein Lufthauch entgegen.

»Bingo! Hier geht's runter.«

Sie schoben die Eisenplatte so leise wie möglich weg, stiegen über eine Metallleiter die hinabführte, in das Loch und schoben die Platte wieder an ihren Platz zurück. Kaum hatten sie den Zugang über ihren Köpfen wieder geschlossen, war das Wasser von der Schleuse nicht mehr zu vernehmen. Stattdessen hörten sie es jetzt unter ihren Füßen rauschen. Beim Hinabgehen gewöhnten sich ihre Augen, die zuvor in helles Licht geblickt hatten, nur allmählich an die Dunkelheit. Edward bemerkte schließlich eine Laterne an der Wand, entzündete sie und leuchtete ihnen damit den Weg.

Die Leiter im Schacht führte direkt nach unten und nach etwa fünfzehn Sprossen sahen sie die nackte Erde.

Der unterirdische Kanal floss direkt vor ihnen vorbei.

»Reichlich Wasser hier. Ganz anders als beim Kanal oben.«

Alphonse kam nach und begutachtete den Wasserlauf ebenfalls. Im Gegensatz zu dem sanften Bächlein an der Oberfläche hatte der unterirdische, etwa zwei Meter breite Kanal ein leichtes Gefälle und die Strömung war stark genug, Steine mit sich zu reißen. Die, die nicht weggespült wurden, mussten offensichtlich von Zeit zu Zeit von Menschenhand weggeräumt werden. Der Tunnel war zu beiden Seiten des Kanals begehbar und erstreckte sich, so weit sie sehen konnten, über eine beträchtliche Entfernung.

»Da drüben ist die Fabrik.«

Vor ihnen nahm Alphonse einen Lichtstrahl wahr. Tageslicht schien dort herunter und sie erkannten Seile, an denen ein Kasten hing, mit dem man die Steine aus dem Wasser herausfilterte und nach oben ziehen konnte. Die Elrics ließen sich Zeit und nahmen jede Weggabelung unter die Lupe. Beim Bau des Tunnels musste ausgetestet worden sein, wie man das Wasser am effizientesten durch die Stadt leiten konnte. Es gab viele Abzweigungen und an manchen Stellen war der Tunnel so schmal, dass gerade eine einzige Person hindurchpasste. Sie konnten sich nur auf ihren Orientierungssinn verlassen und suchten sich einen Weg, der sie hoffentlich unter das Herrenhaus führte. Vom Kanal aus bogen sie ein paar Mal ab und auf einmal wich der Boden, der bisher nur aus festgestampfter Erde bestanden hatte, einem mit Holzbohlen befestigten Gang, der auf eine Holztür zulief.

»Das sieht doch schon mal vielversprechend aus.«

»Ja.«

Edward gab Alphonse seine Laterne zum Halten und presste das Ohr an die Tür.

»Hört sich nicht so an, als ob dadrin jemand ist.«

Hinter der Tür befand sich ein betonierter Keller, in dem massenhaft Gewehre und Pistolen gelagert waren. Zwischen den zahlreichen, in Kisten verpackten Waffen mussten sie sich regelrecht hindurchschlängeln. An der Rückwand standen Akten über Akten, Gebrauchsanleitungen für die einzelnen Waffengattungen, Zielscheiben zum Trainieren und Strategieanweisungen für den Umgang mit dem Militär.

»Da haben wir unsere Beweise.« Edward nahm eine der Waffen und hielt sie ins Licht seiner Laterne.

»Das ist eine Armeepistole. Die müssen sie irgendwo abgezweigt haben.«

Der Keller war ziemlich groß und die Waffen, die sich darin stapelten, waren teils in sehr verstaubten, teils in sehr neuen Kisten. Alles, was Raygen über die Zeit gehortet hatte, musste hier eingelagert sein. Den Vorrat an Schießpulver musste er auch irgendwo deponieren. Wie sich Edward und Alphonse gedacht hatten, bestand Raygens Ziel eindeutig darin, einen Staat mit einem klaren und scheinbar gerechten Gesetz zu schaffen, dem

Äquivalenten Tausch. Dafür verfügte er über seine ihm treu ergebenen Arbeitskräfte, die nach den Edelsteinen schürften und ihm somit die nötigen finanziellen Mittel für die Streitkräfte verschafften.

»Er nutzt die Leute in der Stadt also wirklich nur aus ...«, sagte Alphonse traurig. »Ich habe ihn für einen netten Mann gehalten, aber seine Freundlichkeit ist nur aufgesetzt, weil sie ihm was nützt. Es ist ihm also völlig egal, ob es den Bewohnern gut oder schlecht geht.«

Er hatte Ausgestoßenen nicht aus Mitgefühl die Hand gereicht, sondern nur, um sie nach seiner Pfeife tanzen zu lassen.

»Was tun wir jetzt?«, fragte Edward, der unverwandt das Arsenal anstarrte.

»Auch wenn wir damit an die Öffentlichkeit gehen, würden die Leute doch trotzdem nur von der neuen Weltordnung sprechen, oder? Selbst wenn sie von den hiesigen Machenschaften wissen sollten, ist es ihnen so immer noch lieber, als unter der bisherigen Militärregierung zu leben. Es ist doch recht unwahrscheinlich, dass sie von all dem hier gar keinen blassen Schimmer haben.«

»Ja.«

Alphonse nahm aus einem Stapel Kisten ein Gewehr und strich über den Lauf.

»Aber ich weiß nicht, ob jeder in der Stadt diese neue Welt anstrebt, die diese kalten Waffen schafft. Sollten sie das jedoch wünschen, können wir nichts dagegen tun ...«

Edward schwieg.

»So wie ich das sehe, wird mir eins ziemlich klar: Herr Raygen ist kein Vorbild für mich. Ich kann nicht behaupten, dass die Welt, in der wir jetzt leben, perfekt ist, aber ich wäre lieber mit dem zufrieden, was wir haben, als erst mal alles kaputt zu machen.«

Alphonse warf seinem Bruder einen Blick zu. »Danke, Ed, dass du mitgekommen bist.«

»Ja.«

»Alles Weitere müssen die Leute in der Stadt entscheiden.«

Plötzlich waren hinter einer anderen Tür als der, durch die sie gekommen waren, Schritte zu hören.

»Pst.«

Edward und Alphonse wechselten einen schnellen Blick, legten die Waffen wieder an Ort und Stelle zurück und verließen das Arsenal leise wieder.

Draußen in dem Gang hörten sie noch immer die Schritte in der Waffenkammer. Edward hatte Alphonse vorausgehen lassen und lauschte auf die Geräusche hinter sich.

»Ob das Wachen sind? Ich hätte nicht gedacht, dass die jetzt eine Runde machen.«

»Wenn sie uns finden, kommen wir vielleicht gar nicht mehr aus der Stadt raus. Wir müssen uns beeilen.«

Alphonse kroch aus dem Tunnel, der am Ende so eng war. Gerade als sich Edward bückte, um ihm zu folgen, flammte hinter seinem Rücken ein Licht auf.

»Verdammt! Al, renn schon mal raus!«

Er drückte Alphonse die Laterne in die Hand. Dieser eilte weiter und schirmte ihr Licht mit den Händen ab, damit es sie nicht verriet.

Edward war erleichtert, da das Rauschen des Wassers Alphonse' Schritte übertönte. Doch mit einem Mal bemerkte er, dass von hinten flackernde Lichter auf ihn zukamen. Er keuchte. Schließlich konnte er die Stimmen verstehen.

»Sicher, dass sie weg war?« Es war Rubys Stimme.

»Ja. Neil, der einmal in der Woche kommt, um die Steine im unterirdischen Kanal aufzusammeln, sagte, dass an dem Eingang, den er immer benutzt, die Lampe verschwunden war«, antwortete eine der Wachen.

Edward hielt den Atem an und schnalzte innerlich mit der Zunge, weil er ihren Einbruch durch das Mitnehmen der Lampe verraten hatte. Er hoffte aber, trotzdem irgendwie davonzukommen. Kurz vor seinem Versteck blieb Ruby stehen.

»Aber es gibt keine Anzeichen, dass jemand eingedrungen ist.«

Die junge Frau war Edward inzwischen sehr nahe gekommen, hielt ihre Laterne in die Höhe und schaute sich um. Das Licht leckte schon fast an seinen Zehen und Edward machte sich auf einen Kampf gefasst, doch es bewegte sich keinen Zentimeter.

»In dem Durcheinander an Gängen findet sich doch sowieso keiner zurecht. Ich glaube nicht, dass jemand hier war.«

»Die Laterne ist also von allein runtergefallen und weggespült worden?«

»Das vermute ich. Gehen wir zurück.«

»Ja, okay. Übrigens, ich hab gehört, dass ein paar Leute aus den Schatten mit Herrn Raygen reden wollen. Sie suchen seinen Rat. Sollen wir die einfach sich selbst überlassen?«

»Nein. In den letzten Tagen wurden wir immer häufiger von Räubern überfallen. Mit dem Problem müssen wir uns zuerst befassen ...« Schwungvoll drehte sich Ruby um und ihr Pferdeschwanz flog Edward direkt ins Gesicht. Die Haare und der Geruch von Shampoo kitzelten ihm in der Nase.

»Aah.«

Als sich Ruby und der Mann von ihm entfernten, unterdrückte Edward mit Mühe ein Niesen. Doch kaum waren sie außer Sicht, konnte er sich nicht mehr zurückhalten.

»Hatschi!«

Augenblicklich tauchten die Lichter, die weiter hinten schon fast verschwunden gewesen waren, wieder auf.

»Was war das?«

»Ist da wer?«

»Also doch!«

Edward stürmte sofort durch den engen Gang, durch den auch Alphonse geklettert war. Ruby und die Wache verfolgten ihn, aber Edward nahm schnell eine andere Abzweigung, bevor sie ihn entdecken konnten. Er hatte zwar Angst davor, sich so tief unter der Erde zu verirren, aber es war immer noch besser, als erwischt zu werden, und so lief er an den Gabelungen mal nach links und mal nach rechts. Auch Ruby und der Wachmann schienen sich nur mit Mühe in dem Labyrinth zurechtzufinden.

»Besser, ich versteck mich erst mal.«

Edward trat in die Dunkelheit und verließ sich nur auf das Licht, das aus der Schleuse und der Fabrik drang, um sich durch das Gewirr der Gänge zu manövrieren.

»Nanu?«

Er tastete sich die Wand entlang und auf einmal fühlte es sich komisch an.

»Was ist das denn?«

Hier war es nicht so kalt wie der blanke Fels.

»Holz ... Gibt es hier denn noch eine Tür ...?«

Edward strich mit beiden Händen darüber und an Größe und Form erkannte er, dass es sich tatsächlich um eine Tür handelte. Doch sie war verschlossen.

»Was hat der denn noch versteckt?«

Waffen hatten sie ja bereits gefunden. Er konnte sich beim besten Willen nicht vorstellen, was sich hinter dieser Tür verbarg.

Der junge Alchemist legte die Handflächen zusammen und transmutierte sich eine kleinere Tür in die Holztür. Dabei flackerte kurz ein Lichtschein auf, jedoch unbemerkt von Ruby und der Wache. Die so geschaffene Tür drückte Edward vorsichtig mit beiden Händen auf und trat ein. Dann zog er sie hinter sich zu und tastete sich in der Dunkelheit weiter vor.

»Autsch.«

Er hatte sich an einer Kiste den Zeh gestoßen. Um nicht hinzufallen, stützte er sich daran ab. In der Erwartung, ein weiteres Waffenlager vorzufinden, öffnete er den Deckel und steckte die Hand in die Kiste. Nur waren darin keine Waffen.

»Nanu?«

Zwar fühlte sich der Inhalt so kalt wie eine Schusswaffe an, aber klein genug, um in eine Hand zu passen. In der Kiste befanden sich glatte Kugeln, ovale Objekte und welche mit vielen Ecken und Kanten.

»Das …«

Edward presste beide Handflächen auf den Fußboden. Der Boden unter der Kiste hob sich und beim Umkippen ergoss sich ihr Inhalt auf der Erde. Im Licht von Edwards Transmutation glitzerten die Objekte aus der Kiste einen Moment lang.

»Das sind Juwelen.«

Es waren die Edelsteine, die in Wisteria bearbeitet wurden und für den Verkauf gedacht waren. Beim Anblick der Schmucksteine, die zur Finanzierung der Waffenkäufe dienten, spürte Edward ein mieses Gefühl in seiner Brust aufsteigen.

»Die hat doch gesagt, dass sie einmal im Monat alles verkaufen. Aber warum verkaufen die dann nicht alles, sondern verstecken einen Teil hier …«

Ruby und ihr Begleiter hatten die Verfolgung inzwischen wohl wirklich aufgegeben, weil sie annahmen, dass das Geräusch, das sich nach Niesen angehört hatte, vom Wasser verursacht worden war. Jedenfalls waren sie nicht mehr hinter ihm her. Hätten sie von dieser Kammer gewusst, wären sie sicher umgehend hergelaufen, um sicherzustellen, dass alles in Ordnung war. Da sie nicht kamen, hatten sie offensichtlich von all dem hier nicht die leiseste Ahnung.

Durch Transmutationen öffnete Edward eine Kiste nach der anderen. Aus allen leuchteten Juwelen. Anhand des Vergleichs mit der Menge an Edelsteinen, die er in Wisteria gesehen hatte, schätzte er, dass etwa ein Drittel oder sogar die Hälfte nicht verkauft wurde.

Er geriet ins Grübeln und summierte im Kopf Raygens Ausgaben auf. Zum einen bezahlte er seine Leute durch den Äquivalenten Tausch nicht schlecht, zum anderen konnte die schiere Anzahl an Waffen aber auch nicht billig gewesen sein.

»Was hat das nur zu bedeuten ...? So viele Waffen kann der ja gar nicht finanziert haben, wenn er so eine Riesenmenge Juwelen beiseitegeschafft hat. Der muss sein Geld noch woanders herbekommen ...«

Edward seufzte. Da fiel ihm das Telefonat mit Roy wieder ein, als dieser ihm den Auftrag zur Inspektion gegeben hatte: Steigende Verhaftungsraten von Kriminellen im Süden, mangelnde Arbeitskräfte wegen der Modernisierung. Hatte Roy nicht auch gesagt, dies bedeute, dass kriminelle Spitzel und Schmuggler aktiver waren?

»Das kann doch nicht wahr sein ...!«

Halunken, die Menschen ausnutzten, hatte es schon immer gegeben, doch weil sie durch und durch schlecht waren, konnten sie das vor ihren Opfern gut verstecken. »Ich werde mal den Herrn Oberst fragen müssen ...!«

Ein düsterer Verdacht überfiel ihn.

»Al!«

Sein Bruder hatte vor den Mauern des Herrenhauses auf ihn gewartet und drehte sich nun erleichtert zu ihm um.

»Ed, Gott sei Dank!«

Alphonse rannte auf Edward zu, der gerade über dieselbe Mauer geklettert kam, über die sie eingebrochen waren.

»Du bist ihnen also entwischt?!«

»Aber sicher. Bei dir ist wohl auch alles gut gegangen.«

»Ja. Es hat anscheinend einen Überfall von Räubern oder so was gegeben und dann waren alle Wachen weg.« Alphonse zeigte die Felswand hinauf. Die Wachen kamen die Treppe herunter, die die Stadt mit der Welt draußen verband. Sie mussten die Banditen erfolgreich abgewehrt haben.

»Der Überfall muss diesmal ganz schön heftig gewesen sein. Es wurde total viel geschossen.«

»Ah.« Edward rannte los.

»Was hast du denn, Ed?«

»Ich bin mal kurz weg. Bleib du hier, Al!«

»Wie? Was ist denn los? Hab ich was verpasst? Haben uns die Wachen entdeckt?« Alphonse rannte seinem Bruder eilig hinterher und schaute beim Laufen über die Schulter zurück, um zu kontrollieren, ob sie verfolgt wurden. Doch da war niemand.

»Die haben mich nicht entdeckt! Aber *ich* hab was entdeckt!«

»Hä, was?« Alphonse verstand nichts. Edward wandte sich zu ihm: »Den Beweis, dass dieser Bastard von Raygen vielleicht noch skrupelloser ist, als wir denken. Ich kann ihn aber noch nicht festnageln. Ich laufe in die nächste Stadt und telefoniere mal mit dem Herrn Oberst!«

»Einfach so? Dann komme ich mit!«, entschied Alphonse, als sie zurück zum Haus rannten, doch Edward schüttelte den Kopf.

»Nein, Al. Bleib du hier und sorg dafür, dass die Leute aus den Schatten nicht zu Raygen gehen und ihm sagen, dass sie die Stadt verlassen wollen.«

»Warum? Daran ist doch nichts auszusetzen, oder? Die wollen doch nur eine neue Arbeit vermittelt bekommen. Sollten wir das nicht eher unterstützen und Herrn Raygen bitten, das für alle zu tun …?«

Alphonse glaubte, dass es für die Bewohner der Stadt doch eine gute Sache sei, aber Edward schüttelte erneut den Kopf.

»Auf keinen Fall! Egal wie, aber lass niemanden zu Raygen, bis ich mit dem Herrn Oberst gesprochen habe und wieder da bin! Ich erzähl's dir später.«

»Na gut.«

Edward plapperte keine Vermutungen aus, ohne sich vorher zu vergewissern. Alphonse wusste das ganz genau.

Seit sie nach Wisteria gekommen waren, hatte sich sein Bruder im Hintergrund gehalten. Dass er auf einmal so aktiv wurde, musste etwas bedeuten. Trotz seiner Bedenken, Edward allein loszuschicken, obwohl es draußen von Räuberbanden wohl nur so wimmelte, verabschiedete sich Alphonse von ihm.

»Komm heil zurück! Ich kümmere mich dann um das hier.«

»Okay, ich bin dann mal weg!«

Der junge Alchemist verließ seinen Bruder und machte sich zur Stiege auf, die die Stadt mit der Außenwelt verband. Alphonse marschierte Richtung Schatten.

Edward passierte den Platz in der Stadtmitte, wo sich Männer in ihrer Pause gerade über ihre Arbeit unterhielten. Ausgelassen redeten sie darüber, wie viel Geld sie diesen Monat verdient hatten. Noch konnten sie lachen, weil sie nicht wussten, was sie für dieses Ideal opfern mussten.

Als er die morsche Stiege hinaufging, schaute Edward noch einmal hinunter in die Stadt.

»Es wäre schön, hier immer einen Grund zum Lachen zu finden …«

Edward hoffte das wirklich. Der Verdacht in seiner Brust zwang ihn, weiter die Stiege emporzusteigen. Die Felsen lagen bereits im Schatten, aber die Sonne war noch nicht untergegangen. Kaum streckte er den Kopf über den Rand, schien sie ihm direkt ins Gesicht.

»Boah, wie das blendet!« Er schirmte sich mit der Hand die Augen ab, als sich eine Wache zu ihm umdrehte.

»Ach, Edward, bist du das? Ist was?«

»Ich hab nur kurz was in der nächsten Stadt zu erledigen.«

»In der nächsten Stadt?« Der Mann warf den anderen Wachen einen Blick zu.

»Ist das nicht erlaubt?« Edward bemerkte den skeptischen Ausdruck des Wachmanns. Wisteria war immerhin eine Stadt, in die nicht jeder hineindurfte. Möglicherweise durfte auch nicht jeder hinaus. Doch die Wache hatte aus einem anderen Grund so skeptisch geschaut.

»Gehst du weg? Das ist gefährlich!«

»Warum?«

»Die Lage ist im Moment ziemlich angespannt.«

In einiger Entfernung hielt ein Mann ein Gewehr in der Hand und deutete mit seinem Kinn zum Ödland hinüber.

»Die haben jetzt auch noch ihre Kumpels gerufen. Sie trauen sich immer mehr und kommen sogar in Reichweite unserer Gewehre.«

Edward blickte über die kahlen Hügel. Dort waren weit mehr Menschen mit Waffen versammelt als noch bei seiner Ankunft. Sie hatten einen weiten Weg zurückgelegt und waren bereit zuzuschlagen.

»Ich kann dir zwar Deckung geben, daher ist es jetzt nicht unmöglich, dass du es rausschaffst, aber ...« Die Wachen sahen besorgt aus. Edward zögerte nicht.

»Ich gehe.«

»Oh, hey!«

Er rannte los und hörte nicht einmal, wie die Wachen ihn aufzuhalten versuchten.

»Ey! Wenn du auf Banditen triffst, gib ein Signal! Wir geben dir von hier aus Deckung! Oh, und wenn du auf dem Weg direkt vor den großen Felsen gehst, kannst du eine Abkürzung nehmen!«

Mit einem Winken als Antwort lief Edward weiter. Die Wachen, die den Banditen gegenüberstanden, waren zum Schutz der Stadt da. Sie waren Raygens Untergebene, aber auch diejenigen, die für den verzerrten Äquivalenten Tausch arbeiteten, den Edward für ungerecht hielt. Einige wussten sicher, was Sache war. Wie Ruby.

In dieser chaotischen Welt gibt es viele Menschen, die falsch handeln und andere verletzen. Aber ich bin nur kurz hier. Ich kann nicht alle retten. Ich muss mich vor allem um mich selbst kümmern.

Er war ja nur ein stiller Beobachter.

Edward biss sich auf die Zunge. Eine rettende Hand, zementiert durch falsche Freundlichkeit. Ein verzerrter Äquivalenter Tausch, der zum Fressen-und-gefressen-Werden führte. Kalte Waffen, die mit glänzenden Edelsteinen verdient wurden. Egoismus, der die Schwachen in der Gesellschaft ausbeutete, um an Geld zu kommen. Roys Erwähnung der Kopfgeldjäger, die hinter der hohen Verhaftungsrate von Verbrechern im Süden steckten, sowie der Menschenhändler, die bei der Modernisierung mitwirkten, um den Mangel an Arbeitskräften auszugleichen. All das hatte Edwards dunklen Verdacht geweckt.

Er spürte, wie ihn bei dem Gedanken, was passieren würde, sollte sich sein Verdacht bestätigen, die Wut überkam. Als er übers freie Feld rannte, war Edward klar, warum er das tat. Er rannte für die Menschen in Wisteria, die keine Ahnung hatten, zu welchen Gräueltaten Raygen sie missbrauchen wollte.

Im schrägen Licht der Sonne klatschte Edward seine Handflächen zusammen und zog die lange, scharfe Klinge aus seiner Automail. Vor ihm warteten schon die Banditen. Gegen einen Alchemisten hatten sie jedoch keine Chance. Er brach durch ihre Reihen und bahnte sich seinen Weg.

»Weg da!«

Edward hatte keine Zeit, sich mit den Räubern aufzuhalten. Er wusste die Gerechtigkeit an seiner Seite und als er durch die Ödnis preschte, verlieh ihm das Flügel.

In der Zwischenzeit ging Alphonse zurück zur Fabrik. Er hatte Evans schon gesagt, er solle Raygen nicht mehr bitten, sie bei ihrer nächsten Arbeitsstelle vorzustellen.

Natürlich wurde er nach dem Grund gefragt, aber Alphonse vertraute Edward und musste sie daher halbherzig bitten, es einfach sein zu lassen. Er machte sich nun auf, um mit Neil zu sprechen.

Dieser arbeitete schweißgebadet vor einem heißen Kessel. Stolz und Erfüllung, einer so anspruchsvollen Arbeit nachgehen zu können, spiegelten sich in seinem Gesicht wider. Als Neil Alphonse am Eingang zur Fabrik bemerkte, hielt er in seiner Tätigkeit inne und kam näher.

»Oh, Alphonse. Was gibt's denn?«

Alphonse zögerte, dem Mann etwas über Raygen zu erzählen. Neil verdankte ihm viel und glaubte an ihn. Formulierte er es ungeschickt, würde Neil wohl wütend werden. Doch es musste gesagt werden und so bat er Neil nach draußen. Der Abendwind frischte bereits auf, als Alphonse dem Mann erzählte, was er und Edward im Keller gesehen hatten. Neil antwortete nichts darauf. Er schwieg eine ganze Weile und lehnte sich mit ausdrucksloser Miene an die Wand der Fabrik.

»Neil, hast du etwa davon gewusst?«

Der zuckte mit den Schultern, unbeeindruckt, dass Alphonse ihn so unverblümt danach fragte.

»Gesehen habe ich die Waffen hier noch nie, aber ich weiß, dass sie da sein müssen. Herr Raygen sagte: ›Wenn wir eine neue Welt aufbauen, dann müssen wir uns früher oder später mit dem Militär auseinandersetzen.‹«

»Aber du bist trotzdem noch hier.«

»Ja. Es stimmt, dass ich was gegen Soldaten habe und auf sie schießen würde, wenn ich die Gelegenheit hätte. Aber hier bin ich vor allem, weil wir sonst nirgends hinkönnen.«

Neil lachte selbstironisch. Doch Alphonse widersprach ihm: »Wie kommst du darauf, dass für euch woanders kein Platz ist? Warum hast du …?«

Das ist doch klar. Er hat nichts, wohin er zurückkehren kann.

Alphonse wartete diese naheliegende Antwort nicht ab und fuhr fort: »Du musst hierbleiben, weil du von Herrn Raygen gerettet wurdest. Deshalb kommt kein anderer Ort für dich infrage, stimmt's? Du kannst dir kein anderes Leben vorstellen, weil du nur darum kämpfst, das zu behalten, was man dir jetzt gegeben hat. Deswegen kannst du auch nicht verstehen, warum Leaf oder Evans ein anderes Leben führen wollen. Liege ich da falsch?«

Auch auf die Gefahr hin, dass Neil sauer werden könnte, kam Alphonse direkt auf den Punkt: »Die einen können hier erfolgreich sein, die anderen nicht, aber das darf nicht das Einzige sein, wonach man die Leute beurteilt.«

Der Äquivalente Tausch führte dazu, dass diejenigen, die zufällig körperlich fit waren, auf jene herabblickten, die es nicht waren. Er hatte die Menschen eindeutig auf den falschen Weg gebracht.

Neil hörte mit zusammengepressten Lippen und grimmiger Miene zu. Dann schnalzte er mit der Zunge.

»Das erinnert mich daran, dass dein Bruder Edward auch erwähnte, dass Menschen, die es versäumen, Fragen zu stellen, bemitleidenswert sind. Du denkst doch auch, dass wir nicht nachvollziehen können, warum Leute wie Evans so leben wollen. War's das? Willst du behaupten, *wir* sind die Bösen, weil wir so hart arbeiten?«

»Nein.« Alphonse schüttelte den Kopf.

»Ich möchte dich nur daran erinnern, dass der Äquivalente Tausch nicht die Grundlage für alles sein kann.«

»Was soll das bedeuten?«

»Es geht um Mitgefühl, das Verstehen-Wollen, Akzeptanz.«

»Hmm.«

Davon überrascht, was Alphonse ihm zu sagen hatte, riss Neil die Augen auf. Aber er erwiderte nichts mehr, machte auf dem Absatz kehrt und ging wieder am Tor Nummer fünfzehn in die Fabrik hinein.

Klong! Als wolle es Alphonse' Worten ebenso widersprechen, fiel das Tor krachend ins Schloss. Alphonse machte keinerlei Anstalten, Neil zu folgen. Was auch immer der Mann mit seinem Leben anzustellen gedachte, Alphonse hatte nicht die Absicht, etwas zu sagen. Aber er wollte, dass die Bewohner die Wahrheit kannten, selbst wenn er die Stadt nicht retten konnte. Sie sollten ihr Leben nicht als hirnlose Marionetten verbringen, sondern mit beiden Beinen auf dem Boden stehend klar in die Zukunft sehen. Er wünschte sich, dass sie eigenverantwortlich Entscheidungen treffen würden und dies nicht anderen überließen.

Alphonse entfernte sich vom Tor und blickte in den Himmel. Er hatte Gefallen an Wisteria gefunden, kaum dass er hier angekommen war. Es war ein schönes Gefühl gewesen, in einer Stadt zu sein, in der so viele Menschen lachten. Der Ort selbst war ihm immer noch sympathisch.

»Ich möchte, dass hier viele, nein, alle Menschen lachen können ...«

Klar, seine Macht als Einzelner war begrenzt, aber es war ein Anfang.

Alphonse erreichte die Stadtmitte und wollte eigentlich direkt zum Haus zurückgehen, hielt aber plötzlich inne. Auf der Brücke über dem Kanal saß Ruby und ließ die Beine baumeln.

»Ruby …«

Mit einem Lächeln drehte sich die junge Frau um. Sie rutschte etwas zur Seite und machte ihm Platz. Alphonse setzte sich neben sie und schaute ihr ins Gesicht. Das Strahlen darin verschwand.

»Du … Du siehst gar nicht gut aus. Was ist los?«

Es gab viele Fragen, die er stellen wollte, zum Beispiel über die Waffen im Keller und wie viel Ruby über Raygens Vorhaben wusste, doch im Moment machte sich Alphonse in erster Linie Sorgen, da sie so niedergeschlagen wirkte. Sie lächelte wieder und blickte dem Wasser im Kanal nach. Gerade musste sie Pause haben, da sie eine kurze Hose anhatte und keine Schuhe trug. Diese hatte sie ausgezogen und neben sich gestellt.

»Es ist wegen Leaf.«

»Okay.«

»Er sagt, er geht morgen fort.«

»Morgen?«

Alphonse hörte ihr mitfühlend zu. Sie klang untröstlich.

»Du hast ihm doch selbst gesagt, dass er gehen soll, wenn er nicht mit den andern mithalten kann.«

»Das stimmt schon. Aber wir kommen aus derselben Stadt. Ich war wegen vielem sauer. Trotzdem ist es nicht schön, wenn er fortgeht. Ja, egoistisch finde ich das.«

Er ging ihr wohl unglaublich auf die Nerven, wenn er anderer Meinung war als sie, doch gleichzeitig fühlte sie sich ohne ihn einsam. Da Ruby so offensichtlich durcheinander war, versuchte Alphonse sie zu trösten: »Das ist nicht egoistisch. Es gibt viele Dinge, die du aufgeben musst, auch wenn du sie nicht hasst.« Alphonse dachte dabei an seinen eigenen Geburtsort und seine Freunde, die er verlassen hatte.

»Du bist lieb, Alphonse. Du hast sicher mehr durchgemacht als ich.«

»Nein, gar nicht.«

»Ach so?«

»Na, es ist eine Menge passiert.«

»Eine Menge?« Ruby legte sich hin und sah, den Kopf in die Hände gestützt, zum Himmel empor. »Bei mir ist auch jede Menge passiert. In unserer Heimat haben Leaf und ich unsere Familien im Bürgerkrieg verloren. Ich war noch ein Kind und Leaf sogar kleiner als ich. Die Soldaten haben uns unsere Familien genommen, dabei hat das Militär immer behauptet, die Zivilbevölkerung zu schützen. Das fand ich scheiße. Ich wollte arbeiten, um irgendwie überleben zu können. Aber niemand wollte ein schwaches Kind einstellen und wenn doch mal, wurde ich nur übers Ohr gehauen. Es war wirklich schlimm. Ich war schmutzig, hungrig und keiner hat mir geholfen.«

Ruby hatte ihre Geschichte leise vorgebracht, der Inhalt war sehr schmerzhaft.

»Aber weißt du, als Einziger hat sich meiner damals Herr Raygen angenommen. Für mich und Leaf war er wie ein Heiland.

Also wollte ich mich revanchieren, indem ich ihm nach Kräften half, Wisteria nach seinen Vorstellungen aufzubauen.«

»Ach so …«

Aus welcher Motivation auch immer, Raygen hatte zwei kleinen Kindern geholfen, die auf der Straße gelandet waren. Dies löste bei Alphonse gemischte Gefühle aus, aber Ruby schenkte dem keine Beachtung und fuhr fort.

»Leaf hat irgendwann vergessen, was er unserem Retter schuldete, und sich immer mehr zu Herrn Raygens Missfallen benommen. Trotz allem habe ich immer gehofft, er würde es eines Tages verstehen. Doch er ließ sich nie von seinen blöden Blumen abbringen und geht jetzt letzten Endes auch noch fort …«

Sosehr sie ihn wohl vermissen mochte, augenscheinlich war sie immer noch sauer auf ihn, weil er nicht anerkennen wollte, was Raygen für alle getan hatte.

»Ach ja, du hast ja seine weißen Blumen nicht genommen. Magst du die nicht?«

»Als Herr Raygen uns damals gerettet hat, sagte er: ›Bevor man in einer Welt stecken bleibt, die man nicht will, und eine Farbe zugewiesen bekommt, die man nicht will, sollte man lieber selbst wählen.‹ Deshalb mag er klare Farben wie Rot oder Blau, Weiß dagegen hasst er.«

Ruby schwärmte ganz offensichtlich für Raygen. Wenn sie über ihn sprach, verlieh das ihrer Stimme eine Lebhaftigkeit, die gar nicht zu ihrer gedrückten Stimmung passte. Für sie, die einst alle Hoffnung auf der Welt verloren hatte, war Raygen die Stütze und der Hauptinhalt ihres Lebens.

»Ich verstehe, deshalb magst auch du kein Weiß, Ruby.«

»Ja.«

»Ich finde Weiß trotz seiner Farblosigkeit toll.« Alphonse gefiel es, wie schön etwas Weißes strahlte, und sprach das unumwunden aus.

»Sag mal, Ruby, was ist denn deine Lieblingsfarbe?«

Aber von Ruby kam keine Antwort. Aus der Schenke am Platz hinter ihnen dröhnte Gelächter und sonst war nur das Rauschen des Wassers zu hören. Eine Weile starrten sie schweigend in den Sternenhimmel, der zwischen den Felswänden hervorlugte. Er war wunderschön und eine gelegentlich vorbeiziehende Brise streichelte ihnen sanft über die Wangen. Die Straßenlaternen leuchteten bereits, aber die Stadt war auch im Mondschein hell genug.

»Es ist wunderschön«, sagte Alphonse und Ruby nickte.

»Ja, es ist wunderschön. Leaf ist ein Narr, wenn er das hier aufgibt.«

Sie machte sich immer noch Gedanken über Leaf und kritisierte ihn, weil er sie hier allein ließ.

»Er müsste sich doch nur ein bisschen anstrengen, um glücklich zu werden ...«

Alphonse antwortete so ruhig wie möglich: »Aber gibt es nicht auch Menschen, die das nicht können?«

Rubys Tonfall verschärfte sich: »Wenn das stimmt, muss man sie eben wieder bitten zu gehen.«

»Es sollen also nur die bleiben, die ihm treu ergeben sind, damit er eine loyale Nation aufbauen kann?«

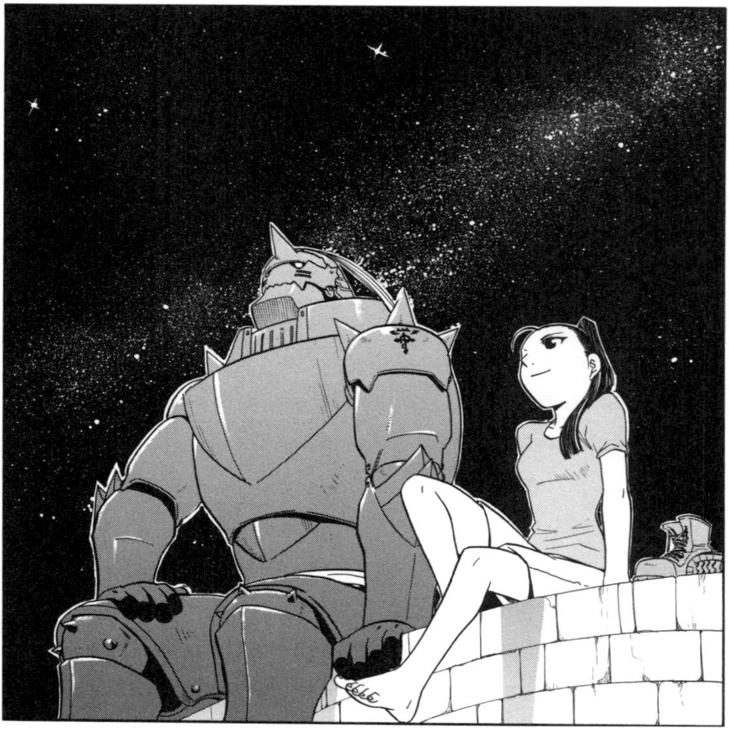

Die junge Frau schaute Alphonse überrascht an. Doch der Ausdruck wich gleich wieder aus ihrem Gesicht und sie zog eine strenge Miene. Ihr fiel der Einbruch wenige Stunden zuvor wieder ein und plötzlich war sie überzeugt, dass es nur Edward und Alphonse gewesen sein konnten.

»Du ... du hast uns gesehen, oder?«, fragte sie leise und Alphonse nickte.

»Ich habe dich gesehen.«

»Ich bin mit dem Militärstaat nicht zufrieden. Was ist falsch daran, unseren eigenen Staat zu gründen?«

Alphonse erwiderte leise: »Ich weiß nicht, ob das falsch ist oder nicht. Auch das jetzige Militär ist wahrscheinlich nur deshalb in dieser Position, weil es das frühere Regime gestürzt hat. Aber wenn du einen Staat auf Hass gegen das Militär gründest, ist das dann nicht wieder das Gleiche? Willst du in so einem Land leben?«

Ruby bebte nun vor Wut.

»Das Land, von dem Herr Raygen träumt, hat nichts mit der Welt zu tun, die die Armee heute regiert ...! Wir sind ein starkes, unschlagbares Land, in dem alle an einem Strang ziehen. Wer da nicht mithalten kann ...«

»Wer ist denn ›alle‹? Du meinst Leute, die Herrn Raygen blind vertrauen?« Alphonse redete nicht um den heißen Brei herum.

»Wenn du alle rausschmeißt, die anderer Meinung sind als er, bleibt bei so einem Verschleiß am Ende doch keiner mehr übrig!«

»Ey!« Ruby stand energisch auf. »Was ... was ...?! Was zum Teufel! Du hast doch keine Ahnung, wovon du redest! Dabei dachte ich, gerade du müsstest es verstehen!«

Als Alphonse so schonungslos ihr Weltbild zunichtemachte, traten ihr die Tränen in die Augen.

Peng! Ein Schuss hallte durch die Luft. Ein Schuss aus dem Lager der Banditen. Ruby war wohl schon daran gewöhnt. Vermutlich schaute sie deshalb nur einmal kurz die Felswand hinauf, dachte allerdings, dass die Wachen damit schon alleine fertigwürden. Daher starrte sie nun wieder Alphonse an. Doch im nächsten Moment ertönte eine gewaltige Explosion und oben an der Wand schlugen Flammen in den Himmel. Ein paar Sekunden später regneten Dreck und Schotter auf Wisteria herab. Es war das Zeichen, dass ein noch nie da gewesener brutaler Angriff bevorstand.

Klingeling. Edward warf eine Münze in den Fernsprecher. Vollkommen am Ende und einem Zusammenbruch nahe, nahm er den Hörer ab. »Boah, so weit bin ich auch noch nie am Stück gelaufen …«, keuchte er in der frischen Morgenluft. In einer Telefonzelle in dem Städtchen, in dem sie erst ein paar Tage zuvor gewesen waren, drehte er die Wählscheibe. Wegen der Abkürzung war der Rückweg zwar viel schneller als der Hinweg vonstatten gegangen, aber trotzdem hatte es ihn ziemlich angestrengt, ohne Pause zu laufen.

Pi-pi-pi-pieep. Edward nannte seinen Namen und bat darum, mit Oberst Mustang im Eastern Command verbunden zu werden. Nach einer Weile meldete sich Roy, der klang, als sei er gerade aus dem Schlaf gerissen worden.

»Ich bin's.« Der Anruf war zu Roys Apparat in seinem Arbeitszimmer im Eastern Command durchgestellt worden. Sein verschlafener Ton ließ vermuten, dass er bei der Arbeit eingeschlafen war. Offensichtlich war er nach wie vor bis über beide Ohren schwer beschäftigt. Am anderen Ende der Leitung seufzte Roy laut.

»Was ist denn los? Ist die Inspektion von Wisteria durch?«

»Schön wär's. Ich wollte ja eh nicht, aber Sie haben mich ja dazu gezwungen. Und dann sind noch alle möglichen Probleme auf uns zugekommen.«

»Probleme?«

An seinem Tonfall merkte man, dass Roy in den Arbeitsmodus umgeschaltet hatte.

»Ist was passiert?«

»Eigentlich muss ich schnell was überprüfen. Sie haben doch gesagt, dass die Verhaftungsrate im Southern Command in letzter Zeit gestiegen ist. Wo lagen die denn früher mal?«

Am anderen Ende der Leitung war zu hören, wie ein Stift über Papier kratzte. Edward wartete darauf, bis Roy es fertig notiert hatte.

»Außerdem haben Sie was von Menschenhändlern oder so erzählt, die Leute kaufen. Erzählen Sie mir alles darüber, was Sie wissen.«

»Okay. Ich mach mich mal schlau. Ruf mich in zehn Minuten zurück.«

»Roger.«

Roy war nicht entgangen, wie dringend die Sache sein musste, wenn der Junge so früh am Morgen schon anrief. Edward war Roy ausnahmsweise dankbar, dass der einfach zusagte, sich alles einmal anzusehen, ohne nach Details zu fragen.

Zehn Minuten später rief er wie vereinbart erneut an. Roy erzählte angespannt, was er in Erfahrung gebracht hatte. »Die Verbrecher wurden fast ausnahmslos an der Ostgrenze festgenommen. Den Festnahmen sind immer Hinweise vorausgegangen und es wurde wohl ein beträchtliches Kopfgeld gezahlt. Ich habe gehört, dass der Denunziant seine Meldungen inzwischen aus der Stadt verschickt, in der du gerade bist.«

»Wann wurden die letzten denn verschickt?«

»Am Zwölften und Sechsundzwanzigsten im letzten Monat ... Oh, und der wurde vor zwei Tagen abgeschickt. Das sollten die Menschenhändler sein. Momentan stehen ein paar unter Beobachtung, aber keiner von ihnen hält sich oft nahe der südlichen und östlichen Grenze auf. Was ich sagen will: Da ist keiner in deiner Nähe, in Wisteria. Das ist auch eine gute Nachricht. Einer der Menschenhändler wurde gestern wegen etwas anderem verhaftet und hat gestanden, Leute aus einer bestimmten Stadt zu kaufen. Wir wissen es noch nicht genau, aber unsere Ermittlungsergebnisse legen nahe, dass es Wisteria sein muss ... Das wolltest du doch wissen, oder?«

Roys Informationen reichten aus, um Edwards Verdacht zu bestätigen.

»Diese Fakten zeichnen leider ein ziemlich düsteres Bild. Der Rädelsführer ist der Bürgermeister von Wisteria. Das ist ein berechnender Kerl. Es kann also sein, dass er flieht. Schicken Sie mal ein paar Leute her.«

»Okay. Die werden noch bereuen, dass sie ihre Lumpereien an der Zuständigkeitsgrenze des Militärs begangen haben. Wir und die im Süden informieren uns nämlich jetzt gegenseitig. Alles, was Wisteria betrifft, wird öffentlich gemacht. Wir recherchieren noch ein bisschen und schicken dir dann umgehend jemanden aus einer Kaserne in der Nähe.«

Da er seinen Verdacht bestätigt sah, machte sich Edward nun Sorgen um Leaf. Wenn er an einen der Menschenhändler verkauft wurde, würde er auf Nimmerwiedersehen verschwinden.

»Vorerst gehe ich wieder nach Wisteria. Ich überlasse Ihnen den Rest!«

Edward legte auf und rannte los.

»Ich will nicht, dass der Raygens Ego zum Opfer fällt …!«

Auf seinem Eilflug nach Wisteria musste er immer wieder eine Pause einlegen und so war es bereits dunkle Nacht, als er endlich in die Nähe der Stadt gelangte. Nach dem langen Tag war er fix und fertig. Plötzlich sah er am Rande der Wildnis einen Dunst in den Nachthimmel aufsteigen.

Was zum Teufel ist denn das …?

Als er sich diesem näherte, erkannte Edward, dass es sich um schwarzen Rauch handelte.

»Was ist da passiert …?«

Der junge Alchemist fühlte sich auf einmal seltsam beklommen und beschleunigte seine Schritte. Ihm fiel auf, dass das Lager, an dem sie bei ihrer Ankunft den Zwischenfall mit den Banditen gehabt hatten, nun wie ausgestorben war.

»Hmm.«

Schüsse halten durch die Nacht. Edward erkannte sofort, dass Wisteria angegriffen wurde, und rannte mit Vollgas los. Auf der riesigen Anhöhe kämpften die Wachen mit Gewehren, Stöcken und anderen Waffen gegen die Räuber. Die Verletzten, Wachleute wie Räuber, die stöhnend am Boden lagen, zeugten von einem erbitterten Kampf. Edward verwarf seinen Plan, direkt durch den Eingang, wo es am heftigsten zuging, wieder in die Stadt zu kommen. Stattdessen kehrte er in die verlassene Zeltstadt der Banditen zurück und schnappte sich aus ihrem zurückgelassenen Gepäck ein Seil und eine Eisenstange. Dann hockte er sich am gegenüberliegenden Rand des Lochs, weit weg vom Eingang, auf den Boden. Die Räuber bemerkten Edward nicht. Vielleicht hielten sie es für ausgeschlossen, dass jetzt noch jemand in die Stadt hineinwollte.

Mit seinem mechanischen Arm rammte er die Eisenstange in den Boden und trat sie fest. Dann band er ein Seil an die Stange und spähte vom Rand des Abgrunds mit einer Hand nach Wisteria hinab. Unten war zwar noch kein Chaos ausgebrochen, aber alle starrten ängstlich zum Eingang empor. Der Abgrund war verdammt tief. Edward zögerte jedoch nicht, packte mit seiner rechten Hand das Seil und stürzte sich in die Tiefe. Er vernahm die Reibung zwischen seiner Automail und dem Seil. Es roch leicht verbrannt, aber seine Hand spürte keine Hitze. Ungebremst rauschte er nach unten und sprang ein paar Meter über dem Boden schließlich ab.

Als er in der Nähe der Schatten landete, wedelte Edward mit der rechten Hand heftig in der Luft herum, um sie abzukühlen.

Dann ruckte er kräftig am Seil, damit es herunterfiel und ihm die Räuber nicht folgen konnten. Anschließend rannte er in Richtung Stadtmitte.

Die Schüsse, die unentwegt durch die Stadt hallten, machten den Bewohnern Angst. Sie saßen vor ihren Häusern oder blickten auf ihre Felder hinaus. Edward schaute über die Brücke zur Fabrik und zur Kuppel auf der anderen Seite des Kanals, wo ebenfalls einige Leute ihre Arbeit eingestellt hatten und besorgt die Felsen hinaufschauten.

Er überquerte die Brücke und rannte in Richtung Stadtmitte. Dort fand er Alphonse, der auf offener Straße mit Ruby stritt.

»Ruby, das Herrenhaus ist doch voller Wachen! Solltest du denn nicht auch dorthin gehen, damit alle Leute in Sicherheit gebracht werden können?!«

»Wir halten sie da oben in Schach, das wird schon wieder!«

»Ruby!«

Edward fiel ein Stein vom Herzen, als er Alphonse in Sicherheit wusste.

»Al!«

»Ed!«

Auch Alphonse musste sich Sorgen um Edward gemacht haben; die Erleichterung war ihm deutlich anzuhören. Ruby hatte sich indessen schon umgedreht und rannte zum Herrenhaus. Alphonse folgte ihr jedoch nicht, sondern freute sich, dass Edward heil zurück war.

Mitten im Gefechtslärm brachten sie sich gegenseitig auf den aktuellen Stand.

»Seit gestern Abend hat es viele Angriffe gegeben und die Wachen tun ihr Bestes, aber es ist ziemlich gefährlich.«

»Verstehe.« Edward erzählte Alphonse von Raygens Menschenhandel. Alphonse reagierte überrascht und war einen Moment lang sprachlos, platzte dann aber auf der Stelle heraus: »Leaf!«

»An den hatte ich auch gedacht und bin deshalb so schnell es ging zurückgekommen ... Ist er schon weg?«

»Kann ich dir leider nicht sagen. Ich habe gehört, dass sie heute gehen wollten, aber seit dem Angriff habe ich mich um die verletzten Wachen gekümmert«, meinte Alphonse entschuldigend. Doch Edward tätschelte seinem Bruder den Arm.

»Unwahrscheinlich, dass er während eines Angriffs hinauskommt. Der ist bestimmt noch irgendwo hier. Sollten die Bewohner eigentlich nicht besser in Sicherheit gebracht werden?«

Er sah, dass die Bürger allesamt stillstanden und nach oben glotzten. Offenbar dachte niemand an Flucht.

»Das hatte ich auch erwartet, aber die Securityleute sind eher damit beschäftigt, die Ein- und Ausgänge und das Herrenhaus zu schützen. Ruby ist auch dabei ... Ich habe schon überlegt, vielleicht mit Alchemie Stufen in den Steilhang zu hauen. Aber in der Wand sind so viele Gesteinsschichten. Ich glaube, dass sie brechen, wenn ich da eine Transmutation vornehme.«

»Richtig. Aber wenn das so weitergeht und die Räuber wirklich in die Stadt einfallen, werden die Leute hier große Verluste erleiden. Wir müssen auch Leaf finden. Gehen wir doch in die Schatten und fragen Herrn Evans, ob es irgendwo einen sicheren Ort gibt.«

»Okay!«

Als die Brüder in den Schatten ankamen, sahen sie Evans, Kett und ein paar andere Männer ängstlich die Felswand hinaufstarren.

»Herr Evans!«

»Ach, Edward, Alphonse.«

»Wo ist denn Leaf? Ist der nicht bei Ihnen?«

Kett saß da, die Krücken über seine Knie gelegt, und dachte kurz nach.

»Er kam gestern Abend mit mir hierher zurück, aber seitdem habe ich ihn nicht mehr gesehen.«

»Ach so.«

»Da habt ihr ja ein schönes Willkommen erwischt. Ihr Ärmsten seid nur zufällig da und geratet in diesen Schlamassel ...«, rief Evans ihnen von dem Trümmerhaufen aus zu, auf den er sich inzwischen gesetzt hatte.

»Es ist nur eine Frage der Zeit. Ich hoffe zumindest, dass ihr heil davonkommt.«

»Was reden Sie da? Auf der Flucht sind wir doch alle gleich.« Alphonse legte Evans sanft eine Hand auf die Schulter. »Werfen Sie doch noch nicht die Flinte ins Korn.«

»Ganz genau, Herr Evans. Wir müssen über die Flucht nachdenken. Gibt es in Wisteria irgendwelche Fluchtkorridore oder Notfalltunnel?«

Doch Evans schüttelte den Kopf. »Nein, die gibt es leider nicht.«

»Nirgendwo?«

»Nein, der einzige Eingang zu Wisteria ist dort drüben und auf den haben es die Banditen abgesehen.«

Edward schnalzte ungeduldig mit der Zunge. Es war nur eine Frage der Zeit, bis Wisteria fiel. Selbst mit den Waffen im Keller wären die Städter keine Gegner für die Banditen gewesen, die das Kämpfen gewohnt waren. Und die militärische Hilfe, die Roy schicken wollte, würde auch erst später eintreffen. In der Stadt wurde es von Stunde zu Stunde gefährlicher.

»Was sollen wir nur tun ...?«

Obwohl er tief in Gedanken versunken war, fiel Edward auf einmal auf, dass viel weniger Menschen als sonst in den Schatten waren.

»Herr Evans, wo sind denn alle?«

»Ach, die sind gerade eben zu Herrn Raygen gegangen. Wir sollten mit ihnen verhandeln, anstatt die Stadt so abzuschotten.«

»Im Prinzip nicht schlecht ... nur ...«

Edward warf wieder einen Blick zur Felswand hinauf. Die Schießerei hatte aufgehört; sie war einem Nahkampf zwischen den Wachen und den Banditen gewichen. Die Räuber hatten es auf die Juwelen von Wisteria abgesehen. Die Idee wäre gewesen, die Sicherheit der Stadt zu gewährleisten, indem man ihnen etwas davon abgab, anstatt dafür alle Bewohner in Gefahr zu bringen. Nur war es unwahrscheinlich, dass das noch rechtzeitig bewerkstelligt werden konnte. Edward war immer noch besorgt, aber Alphonse stand auf und zeigte auf das Herrenhaus.

»Ed, wenn es dazu kommt, dann bringen wir doch alle im Herrenhaus in Sicherheit. Die Mauern dort sind hoch und ich glaube, es ist sicherer, als wenn alle in der Stadt verstreut sind.«

Auch Edward blickte zurück. Es stimmte. Das Haus – umgeben von starken Mauern mit der Felswand im Rücken – war eine Festung.

»Gut.«

Zusammen mit Alphonse forderte Edward Evans und die anderen auf, sich auf den Weg zum Gelände zu machen. Begleitet von anderen Leuten aus der Stadt, die sie unterwegs trafen, eilten sie zum Herrenhaus. Wie Evans schon gesagt hatte, standen vor dem Gebäude die Menschen aus den Schatten und riefen laut, dass Raygen herauskommen solle.

»Das kommt nur davon, weil wir bisher alles falsch gemacht haben!«

»Wenn dir die Stadt wirklich am Herzen liegt, komm raus und verhandle!«

»Die Sicherheit der Stadt steht an erster Stelle!«

Auf der anderen Seite gesellte sich Neil mit einigen anderen zum Mob auf der Straße.

»Sagt Herrn Raygen, er soll sich in Sicherheit bringen!«

»Dieser Mann war unser Retter. Dieses Mal werden wir Herrn Raygens Schutzschild sein!«

Was auch immer sie wollten, die Tore, vor denen sich die Stadtbewohner versammelten, blieben fest verschlossen.

Die Wachen auf der anderen Seite lächelten Neil und den anderen zwar zu, als sei alles in Ordnung, aber sie hatten ihre

Gewehre bedrohlich erhoben. So standen sie da und sagten kein Wort. Edward und Alphonse gingen zu ihnen.

»Es ist gefährlich in der Stadt. Wir sitzen in der Falle!«

»Im Herrenhaus sind wir durch die hohen Mauern geschützt! Macht bitte auf!«

»Was schreit ihr da für einen Blödsinn?! Erst wenn wir sichergestellt haben, dass Herr Raygen entkommen konnte!«, brüllte Neil ihnen zu. Edward wollte ihm gerade etwas entgegnen, doch da erstarrte er.

»Nanu?«

Etwas Weißes war ins Herrenhaus gefallen. Es war eine von Leafs Blumen. Sie lag am Boden, welk und zertrampelt, aber allein ihre Existenz bedeutete, dass Leaf sich darin befinden musste.

»Ey, hör mal!« Edward tippte Neil auf die Schulter.

»Was willst du?«

Er zeigte auf das Tor.

»Das ist doch eine Blume von Leaf. Stimmt's? Hast du gesehen, wie Leaf hier reinkam? Wann war das denn?«

»Leaf? Ah ja, stimmt. Während des Überfalls hat er sich um die Verletzten gekümmert, aber ist dann ins Herrenhaus gegangen. Herr Raygen hat ihn kurzfristig zu sich gerufen, weil er ihm etwas über seinen nächsten Job sagen wollte.«

»Argh.« Edward warf Alphonse einen Blick zu. Dieser hatte das Gespräch mit angehört und dachte vermutlich genau das Gleiche.

»Von dadrin gibt es einen Fluchtweg!«

»Ja, ich trommele alle in der Stadt zusammen!« Edward stürmte aus der Menschenmenge vor dem Tor, rannte Haken schlagend wie ein Hase durch die Stadt und rief alle Leute an, denen er begegnete. Raygen hatte wohl vor, sowohl Leaf als auch Kett als Sklaven zu verkaufen. Kett, der erzählt hatte, dass er straffällig geworden war, würde wahrscheinlich als Krimineller an das Militär übergeben werden. Doch Leaf war jung. Wenn es hier in der Stadt keine Arbeit für ihn gäbe, fände sich in der Welt da draußen schon etwas für ihn. Daher lag es nahe, dass mit den Menschenhändlern bereits etwas ausgehandelt worden war.

Normalerweise kam wohl jemand, um die menschliche Ware vor den Toren der Stadt abzuholen, sobald die Leute Wisteria verlassen hatten, aber wegen des Überfalls war das momentan nicht möglich. Für diese Verbrecherorganisation spielte es jedoch keine Rolle. Leaf war während des Überfalls gerufen worden und das bedeutete, dass der Termin mit den Händlern bereits feststand und es einen geheimen Zugang geben musste.

Alphonse blieb an Ort und Stelle und bat eine Wache, das Tor zu öffnen. Sie hätten es vielleicht aufbrechen können, wussten aber nicht, ob die Wachen ihre Gewehre nicht auch auf die Stadtbewohner richten würden.

»Macht bitte auf! Wir müssen alle in Sicherheit bringen!«

Doch statt der Wache, die den Mund nicht aufmachte, antwortete Ruby: »Das geht nicht.«

Sie erschien hinter dem Tor und stand jetzt mit demselben leeren Gesichtsausdruck wie der Wächter vor Alphonse.

»Ruby …«

»Ich kann das jetzt nicht aufmachen.«

»Ruby, es gibt doch noch einen anderen Weg aus diesem Haus, oder? Hey!«

»Wo soll das sein? Wenn es einen Fluchtweg gibt, dann sag Herrn Raygen erst recht, dass er vorausgehen soll!«

»Neil!«

»Alphonse, du bist doch sowieso bald wieder fort. Aber wir hier, wir verdanken Herrn Raygen unser Leben!«

Ruby antwortete mit Blick auf Alphonse: »Es ist, wie Neil sagt. Wenn zu viele Leute auf einmal durchgehen, bemerken es die Banditen und Herr Raygen wird es mit seinem Leben bezahlen. Er ist absolut unverzichtbar für die Schaffung eines idealen Staates.« Im Klartext: Sie behauptete, dass er als Mensch mehr wert war als alle anderen. Alphonse tat es weh, so etwas zu hören.

»Ach komm, Ruby, mach auf! Überleg dir das Ganze doch noch mal!«

Unversehens trat Ruby näher an Alphonse heran und flüsterte ihm zu: »*Du* solltest das Ganze vielleicht noch mal überdenken.«

»Hm?« Alphonse bemerkte ein leichtes Bitten um Verständnis in Rubys Blick – mehr noch: Sie wollte, dass er sie verstand und ihr folgte.

»Bauen wir doch gemeinsam eine neue Welt auf! Warum vergessen wir den Schmerz nicht einfach und fangen wieder von vorn an?«

Der junge Elric konnte sehen, dass Ruby ihn mochte und sich ihn als Teil ihres Lebens wünschte. Obwohl sie seit dem Streit am Vortag sehr distanziert gewesen war, lud sie ihn nun ein. Auch Alphonse mochte Ruby, die ein starkes, fröhliches und feuriges

Herz besaß. Zudem bewunderte er ihre Kraft. Daher wollte er sich nicht einfach so von ihr trennen. Bedächtig schüttelte er den Kopf.

»Ich ... kann nicht mitkommen. Ich kann nicht einfach alles vergessen und in deiner neuen Welt leben.«

»Wenn du dich an die Vergangenheit klammerst, bleibst du immer schwach.«

»Vielleicht. Trotzdem will ich meinen Körper wieder. Egal ob es schmerzhaft ist, mich niemand versteht und ich mich dafür abstrampeln muss!«

Ruby seufzte. »Wenn sich Herr Raygen in Sicherheit gebracht hat, werde ich euch das Tor öffnen!«

»Ruby!«

»Mach's gut, Alphonse.« Die junge Frau sah traurig zu Boden und drehte sich weg. Alphonse sah ihr nach, bis sie in der Tür verschwand, dann machte er sich bereit, mit den anderen das Tor einzureißen. Es half ja nichts.

In der Sekunde kehrte Edward zurück. »Al!«

Nachdem er die Stadtbewohner zusammengetrommelt hatte und nun endlich wieder vor dem Tor anlangte, zeigte er auf die Rückseite der Villa.

»Ich habe gerade einen Blick auf Leaf neben Raygen erhascht! Er war in der Villa, zusammen mit einem Typen in einem komischen schwarzen Anzug!«

»Den Fluchttunnel gibt es also tatsächlich!«

Die Trennung von Ruby brach Alphonse das Herz, doch jetzt, als er erkannte, dass man alle Bewohner in Sicherheit bringen konnte, keimte Hoffnung in ihm auf.

»Super!«

Genau in diesem Augenblick wurde die Umgebung erneut von einer lauten Explosion erschüttert. Wenige Sekunden später stürmten die Räuber die Stadt.

»Sie sind da!«

Die Wachen vor dem Tor beeilten sich, ihre Kollegen im Herrenhaus zu rufen.

»Scheiße! Wir können doch nicht zulassen, dass sie unsere Stadt verwüsten!«

Alphonse umklammerte Neils Arm, als dieser versuchte, sich den Räubern entgegenzustellen. »Nein! Das ist ein Kampf, den wir nicht gewinnen können!«

»Woher willst du das denn wissen?!«

»Du wirst nur verletzt werden! Wir müssen auf der Stelle hier weg!«

Da die Wachen am Tor verschwunden waren, verwandelte Edward seinen rechten Arm wieder in eine Klinge und schlug das Schloss ab.

»Los, los, los! Schnell, rein da!«

»Ich sperre gleich wieder ab!«, rief Edward und reparierte das Schloss wieder mittels Alchemie.

Alphonse schob Neil in die Villa und während die Banditen die Treppe herabgeströmt kamen, drängten auch die Wachen nach, die den Zugang zu Wisteria nicht zu schützen vermocht hatten.

»Schnell, durchs Tor!« Edward und Alphonse drängten alle Leute ins Herrenhaus und schlossen das Tor. Alphonse zeichnete einen Transmutationskreis an das Gitter und benutzte Kies von der Baustelle, um die Mauer zu erhöhen.

Auch Edward presste seine Hände an die Mauer, die das Gelände umgab, und erhöhte sie noch weiter, indem er den Boden direkt unter dem Mauerwerk anwachsen ließ.

»Das sollte sie eine Weile aufhalten.«

»Ja. In der Zwischenzeit werd ich mal Leaf retten gehen.«

»Und ich führe alle zum unterirdischen Kanal.«

Als sie so ihre Aufgaben verteilt hatten, stürmte Edward ins Herrenhaus und Alphonse rannte zu dem Eingang, durch den sie am Vortag gekommen waren.

Kapitel 5

Das Tal der tanzenden weißen Blüten

Im Herrenhaus herrschte eine ungewöhnliche Stille. Um das Gebäude standen zwar lauter Wachleute, aber im Inneren war kein Mensch. Die Führung wusste nicht mehr, was sie tun sollte. Raygen war im Haus verschwunden, aber nicht mehr herausgekommen. Die Wachen hinderten niemanden daran, das Haus zu betreten, und sie erlaubten Alphonse auch stillschweigend, alle in den unterirdischen Kanal zu geleiten. Auch stellte sich keiner Edward in den Weg. Der Security schien es nur wichtig zu sein, dass Raygen entkommen konnte.

Die Wachen taten pflichtbewusst ihren Dienst um die Villa herum und warteten, dass Raygen wieder erschien. Edward konnte ungehindert das Haus betreten und stieg am Ende eines breiten Korridors, der die großzügigen Zimmer miteinander verband, in den ersten Stock hinauf.

Von einem Fenster im Obergeschoss aus sah er Alphonse die Eisenplatte aufhalten, die zu dem unterirdischen Kanal führte. Er führte alle hinunter.

Die Banditen hatten es in erster Linie auf die Juwelen abgesehen. Die Türen der Fabrik und der Kuppel wurden aufgerissen und alle Steine, die noch da waren, wurden weggeschleppt. Früher oder später kämen sie sicher auch ins Herrenhaus, wenn sie mit dem Plündern fertig wären.

Obwohl Edward es eilig hatte weiterzukommen, schaute er auf einmal neugierig flussabwärts ans gegenüberliegende Ufer des Kanals. Trotz der Nacht war die Stadt hell erleuchtet, überall brannte es. Doch weiter unten in den Schatten war kaum etwas zu erkennen.

»Aber selbst wenn man was sehen könnte, würde der ja eh wegschauen«, murmelte Edward vor sich hin. Raygen war eines der ungerechtesten Individuen, die er je getroffen hatte. In dessen Welt wurden sogar Menschen zu einer Ware, die mittels des Prinzips des Äquivalenten Tauschs gehandelt werden konnte.

Edward ballte die Fäuste. Auf halber Höhe der Treppe, die in den zweiten Stock führte, entdeckte er endlich Leaf. Den Körper gegen die Wand gepresst, spähte der junge Alchemist in den Raum. Er hörte leise Stimmen, schlich den Korridor entlang und blieb vor einem der Zimmer stehen.

Raygen hielt seine Kontakte zu den Menschenhändlern offenbar geheim, daher war es recht unwahrscheinlich, dass er hier auf Ruby traf. Vermutlich hatte er sie mit irgendeinem Auftrag weggeschickt. Jedenfalls war sie nirgends zu sehen.

»Ich bitte also darum, euch um den Kleinen hier zu kümmern«, hörte Edward Raygen sagen. Er sprach jedoch nicht mit der sanften, warmen Stimme, die den Stadtbewohnern vertraut war. So wie er den Räubern schmeichelte, zeigte sich eine subtile Angst vor der kriminellen Organisation und Sorge darüber, was die Verbrecher gerade zu tun gedachten.

»Herr Raygen, wenn die Stadt überfallen wird, dann können Sie in Zukunft wohl keine Leute mehr liefern, was? Es wäre zu schön gewesen – hier, so ganz unter dem Radar der Armee.«

Die Stimme klang widerwärtig, sie musste dem Vertragspartner gehören.

»Nein, meine treuen Marionetten werden die Stadt gerne wieder aufbauen, und wenn sie das nicht können, sind sie immer noch imstande, woanders ein neues Wisteria zu errichten. Ich habe mir hier immerhin nicht nur die Leute gesichert, sondern auch die Juwelen. Die würde ich ungern verlieren.«

»Ähm, Herr Raygen ...?«, meldete sich Leaf leise zu Wort, »wovon reden sie denn da?«

Der Junge verstand nicht, worum es in diesem Gespräch ging. Seine Stimme zitterte. Edward presste sein Gesicht an den Spalt in der Tür, um zu sehen, wo Raygen und die anderen standen, und legte dann die Hand an den Türknauf.

»Nun, dann geh ich mal, bevor die Banditen ins Herrenhaus eindringen.«

»Mit der Bezahlung machen wir es wie üblich.«

»Geht in Ordnung. Ey, du! Bewegung!«

Leaf wurde weggezerrt und Edward hörte ihn schreien. Der junge Elric riss die Tür auf, rammte dem Mann im schwarzen Anzug, der Leaf am Arm hielt, die Schulter in die Brust und schlug ihm die Hand weg.

»Wa... Wa... Was denn?!«

»Du bist doch ...!« Edward zog Leaf von Raygen, den die Aktion kalt erwischt hatte, und dem übergewichtigen Menschenhändler weg und stellte sich schützend vor ihn. Aber der Dicke musste an so etwas gewohnt sein, denn er reagierte blitzschnell und zog seine Pistole aus dem Holster. Allein hätte er sich auf den Mann stürzen und ihm den Lauf seiner Waffe fortschlagen können, aber mit Leaf im Schlepptau konnte Edward das nicht riskieren. Er brachte den Jungen hinter seinem Rücken in Deckung, schlug entschlossen die Handflächen zusammen und presste die Hände dann auf die Wand hinter Leaf. Raygen nutzte die Gelegenheit, um zu türmen, aber Edward musste zuerst etwas gegen den Menschenhändler vor sich tun. Mit einem Flackern erlosch das Licht und aus der Wand wuchs ein kegelförmiges Objekt.

»Ey! Du bist ein Alchemist?!« Der Mann konnte ganz knapp ausweichen und riss seine Pistole hoch. Doch bevor er den Finger am Abzug hatte, schoss eine Masse aus dem Boden, riss den Teppich mit sich und prallte an die Decke.

»Wah ...!« Keine zwei Sekunden, nachdem der Teppich ihm die Sicht auf Edward und Leaf verdeckt hatte, traf den Mann eine Faust und streckte ihn nieder. Die Pistole flog ihm in hohem Bogen aus der Hand und fiel scheppernd in die Ecke.

»Boah, unglaublich!« Leaf starrte mit offenem Mund auf das Geschehen vor ihm. Edward ging sofort zu ihm.

»Alles okay bei dir?«

»Ja, danke, danke!«, entgegnete Leaf begeistert. Aber als er durch das Fenster sah, wie die Stadt geplündert wurde, verfinsterte sich sein Gesicht.

»Sind alle in Sicherheit?«

»Ja. Vorerst sind alle in den unterirdischen Kanal geflüchtet. Irgendwo innerhalb dieses Hauses muss es einen Weg geben, der nach draußen führt.«

Edward hockte sich vor den Mann am Boden und gab ihm einen Klaps auf die Wange.

»He, du! Aufwachen!« Unbarmherzig ohrfeigte er den Menschenhändler ein paar Mal, bis dessen Wange rot und geschwollen war. Als er endlich zu sich kam, packte Edward ihn am Kragen.

»Uh ... Ugh ...«

»Los, mach das Maul auf! Wie bist du nach Wisteria gekommen? Wenn es einen Weg nach draußen gibt, raus damit!«

Edward hielt sein Opfer mit seiner mechanischen Hand fest an der Gurgel gepackt. Der Mann hob die Hand.

»Warte, ich sag's dir, ich sag's dir ja ... Uah, ich krieg keine Luft ...«

»Also den gibt's, ja?«

Der Menschenhändler zeigte nach unten und nickte wiederholt. Vielleicht hatte er Angst vor der Kraft bekommen, die Edward durch die Alchemie aufbringen konnte.

»Im Keller. Es gibt einen Pfad, der aus dem unterirdischen Kanal im Süden herausführt.«

»Das da unten ist ein ganzes Labyrinth aus Tunneln. Woher wissen wir, welcher der richtige ist?«

»Man geht flussabwärts und kommt an eine Stelle, wo die Kanäle wieder zusammenfließen. Der Weg wird dort breiter und es gibt ein paar Stellen, wo man durchschlüpfen kann. Wenn man da ganz rechts durch ...« Edward drückte den Mann fest gegen die Wand und ließ einen Teil von ihr um seinen Oberkörper wachsen.

»Warte brav, bis die Armee eintrifft, kapiert?«

Edward führte Leaf aus dem Raum zur Treppe hinab zum unterirdischen Kanal.

»Leaf, du hast doch gehört, was der Mann gesagt hat, oder?«

»Klar.«

»Ich verfolge Raygen. Erzähl du Al von dem Fluchtweg, von dem wir gerade gehört haben. Du findest ihn im unterirdischen

Kanal. Und dann verlass mit allen andern schleunigst die Stadt.«
Edward hob die Eisenplatte an, die sich nun leichter bewegen ließ, nachdem so viele Leute sie geöffnet und geschlossen hatten, und deutete mit einer Kopfbewegung hinab.

»Irgendwo da unten verstecken sich die Leute aus der Stadt. Wenn du dort laut rufst, wird dich sicher jemand hören und dir antworten. Ich komme bald nach.«

»Okay!«

Edward sah Leaf nach, als dieser nach unten kletterte, und schob die Eisenplatte wieder zurück an ihren Platz.

Er blickte sich suchend um. Hinter den Mauern vernahm er das Triumphgeheul der Banditen. Sie hatten die Juwelen gefunden.

Einige versuchten immer noch, ins Herrenhaus zu gelangen, indem sie am Tor rüttelten, oder über die Mauer einzudringen, die Alphonse errichtet hatte. Auch die Wachen, die draußen darauf gewartet hatten, dass sich Raygen in Sicherheit brachte, mussten vor der drohenden Gefahr in den unterirdischen Kanal oder sonst wohin geflohen sein.

»Ich muss diesen Halunken schnappen und ebenfalls schnellstmöglich abhauen.«

Edward betrat die Villa erneut und öffnete eine der Türen an der Treppe, um den Eingang zum Keller zu finden, in den sich Raygen geflüchtet haben musste. Er kam in eine große Halle, in der sechs hohe Säulen die Decke stützten. Auch die andere Tür führte in diese Halle. Hinter den Säulen bemerkte Edward noch eine Tür. Dort kam man vermutlich von hinten an die Schleuse.

»Wie kommt man denn nur in den Keller?« Edward inspizierte die Wände. Das Haus war doch symmetrisch gebaut, diese Tür bildete die einzige Ausnahme. Edward spitzte die Ohren. Auf der anderen Seite der Wand hörte er den Wind heulen.

»Gefunden!« Der junge Alchemist öffnete die Tür und der Luftzug von unten bestätigte seinen Verdacht. Am Treppenabsatz in dem Kämmerchen dahinter stand Raygen. Er drehte sich um. Edward hatte ihn erwischt, gerade als er entkommen wollte.

»Sie können nicht weglaufen, Mann!«

»Du schon wieder ...« Raygen hatte eilig in den Keller laufen wollen, aber Edwards Worte ließen ihn innehalten.

»Sie sind erledigt! In ein paar Stunden ist die Armee da. Das Southern und das Eastern Command wetteifern schon darum, wer Sie festnehmen darf. Geben Sie lieber auf!«

»Was?« Raygen riss die Augen auf. Er hatte ganz klar nicht erwartet, dass das Militär von seinen Machenschaften Wind bekommen würde. »Die Armee ... warum? Wer hat die denn gerufen? *Du*?«

Edward sah Raygen direkt ins Gesicht.

»Es war mir egal, ob Sie hier einen idealen Staat aufbauen und die Militärregierung stürzen wollten. Immerhin haben Sie den Leuten in der Stadt neue Hoffnung gegeben. Aber das, was Sie sonst getan haben, ist menschlich ganz und gar inakzeptabel. Leute an Sklavenhändler zu verkaufen – ja geht's noch?!« Raygen antwortete nicht.

»Sie haben den Äquivalenten Tausch zum Gesetz gemacht – und das ziemlich gewissenlos. Dennoch sagen Sie, dass selbst die ›Nutzlosen‹ in ihrer Stadt einen anderen Job angeboten bekommen. Das war aber kein Äquivalenter Tausch. Sie haben unschuldige Menschen in die Sklaverei getrieben und Kriminelle an die Armee verkauft und dafür das Kopfgeld kassiert.«

Raygen hörte Edwards Worten schweigend zu und grinste dann.

»Alles klar, du bist ein schlauer Junge.«

»Hätten Sie nur mit den Juwelen Waffen gekauft, wäre es mir nie aufgefallen.«

Daraufhin lachte Raygen gemein.

»Edelsteine behalten ihren Wert auch über die Zeiten hinweg. Die kann man auch in Zukunft immer für irgendetwas nutzen. Mit Menschen ist das anders. Die muss man ausnutzen, solange sie noch was taugen.« In diesem Moment kam Raygens Egoismus voll zur Geltung.

Edward ballte unwillkürlich die Fäuste.

»Sie sind echt so ein Mistkerl«, sagte er angewidert und Raygen lachte laut.

»Na, so mancher denkt da anders.«

»Hä?«

Kaum hatte Raygen aufgehört zu reden, erklangen leichte Schritte.

»Herr Raygen, da sind Sie ja! Den Weg oben können wir tatsächlich nicht mehr nehmen. Wir müssen über den unterirdischen ... Edward?!« Der Neuankömmling war Ruby, die ihren angeblichen Erretter noch immer vergötterte. Sie musste intensiv nach einem Fluchtweg für ihn gesucht haben und war nun schweißgebadet.

»Ruby, der Kerl hat dir zwar das Leben gerettet, aber eigentlich versucht er, mir ein Verbrechen anzuhängen, warum auch immer«, sprach Raygen mit geheuchelter Aufrichtigkeit. Von seiner gemeinen Lache eben war keine Spur mehr zu sehen.

»Hä? Geht's noch?!«, platzte Edward heraus, aber Rubys Blick war schon finsterer geworden. Für die junge Frau war Raygen ein Mann der Hoffnung, ein Mann des tiefen Vertrauens, an den sie schon so lange glaubte und den sie deshalb nie im Stich gelassen hatte. Es lag nahe, dass sie Edward kein Gehör schenkte. Mit ihm hatte sie sich ja von Anfang an nur gestritten.

»Ruby, kümmere dich bitte darum.« Raygen hatte sein Vorhaben, über den Keller zu entkommen, offenbar aufgegeben und ging zurück in die Villa.

»Warten Sie! Halt!« Edward wollte ihm nachlaufen, doch da traf ihn aus heiterem Himmel eine Faust an der Schläfe, sodass er sekundenlang nur Sterne sah.

»Du gehst nirgendwohin, Edward!«

»Verdammt, irgendwie bist du eine noch miesere Type als Raygen!« Edward hielt sich den Kopf.

»Na, was mies ist, solltest doch eher du ganz genau wissen!«, schleuderte Ruby ihm giftig entgegen.

Sie starrten sich an.

»Du bist echt so blind. Willst du nicht mal fragen, was Raygen getan hat?«

»Dass er Waffen hortet? Das weiß ich doch!« Mit beachtlicher Geschwindigkeit sprang Ruby an Edward heran und blockte seinen rechten Arm, um ihm einen Kinnhaken zu verpassen.

»Huah ...«

Edward wich einem weiteren Faustschlag aus und wehrte mit dem linken Arm einen auf seinen Bauch gerichteten Fußtritt ab. Ruby hatte das wohl schon vorhergesehen und landete auf dem rechten Bein. Edward zog ihr das mit einem Fußfeger weg, doch sie wirbelte einmal um ihre eigene Achse und kam auf beiden Beinen zum Stehen. Sofort setzte sie zu einem Halbkreistritt an.

»Okay, die in der Stadt haben nicht übertrieben, als sie gesagt haben, dass du die Stärkste hier bist. Aber ...!!«

Er duckte sich unter Rubys Tritt hindurch, schnappte sich ihren Arm, nutzte den Schwung aus und wirbelte sie weiter herum, bis sie auf den Boden krachte.

»Uff!«

»Du brauchst mehr Training!«

»Das müsste mein Satz sein!« Ruby wurde von Edward, der auf ihrem Rücken saß, zwar bäuchlings auf den Boden gepresst, drehte aber ihren Kopf zu ihm. In ihrem Blick lag keine Spur von Kapitulation. Mit mehr Elan, als Edward erwartet hatte, wand sie sich aus seinem Griff und sprang auf die Füße.

»Du bist sehr stark. Hast du dir das Kämpfen selbst beigebracht?«, fragte Edward und wehrte den nächsten Schlag ab.

»Ja. Ich hab wirklich hart trainiert, denn ich hasse es zu verlieren.«

»Um nicht zu verlieren, hä? Und gegen wen wolltest du nicht verlieren?«

Ruby antwortete nicht. Einen Moment lang hielt sie inne.

»Verteidigst du Raygen? Verteidigst du die Stadt?«

»Beides!« Ruby hatte keine Lust zuzuhören und stürzte sich wieder auf Edward. Auch dieses Mal fing der Alchemist die Faust mitten im Angriff ab.

»Jetzt sperr doch endlich mal die Ohren auf! Der Raygen, den du so beschützen willst, nutzt die Stadt, die du ja angeblich auch schützen willst, nur als Sklavenvorrat für Menschenhändler.«

Ruby glaubte ihm offenbar nicht und schnaubte nur verächtlich.

»Wer denkt sich denn so was aus?« Sie nahm anscheinend wirklich an, dass Edward Raygen das Verbrechen nur anhängen wollte, und ließ daher keines seiner Worte an sich heran. Doch was Edward als Nächstes sagte, ließ sie erstarren.

»Er hält die, die ihm nützen, in seiner Nähe und macht sie zu treuen Dienern. Er lässt die für sich arbeiten, die dazu in der Lage sind, um seine finanziellen Mittel aufzustocken. Er übergibt die Kriminellen dem Militär und verkauft die andern, die der Stadt keinen Mehrwert bringen. Für Raygen sind nicht alle Menschen gleich. Die Briefe, die du manchmal nach draußen bringst – damit verpfeift er deine Kameraden an die Armee!«

»Das ist gelogen! Herr Raygen nimmt Menschen auf, die sonst nirgendwo hinkönnen. Er verkauft sie doch an niemanden …!«

»Vor drei Tagen. Und dann noch am Zwölften und am Sechsundzwanzigsten letzten Monat!« Als Ruby das hörte, wurde sie langsam blass. »An diesen Tagen wurden die neuesten Spitzelbriefe eingeworfen. Doch sicher von dir, oder nicht? Im zweiten Stock haben wir vorhin auch einen der Menschenhändler erwischt, der gerade dabei war, Leaf zu kaufen.«

Edward ließ Rubys Arm los. Sie taumelte ein paar Schritte zurück und setzte sich auf den Boden.

»Das ist nicht wahr. Das muss eine Lüge sein ...« Die junge Frau wollte es einfach nicht wahrhaben.

Doch dass Edward, den sie erst vor ein paar Tagen kennengelernt hatte, sogar von den Briefen wusste, die sie vor einem Monat zugestellt hatte, und dass er alles so ernst und glaubwürdig vorbrachte und damit ein vollkommen anderes Verhalten als während ihrer Streitereien an den Tag legte, all das stand ihrem Wunsch, es zu leugnen, im Weg. Sie wusste, dass nichts davon gelogen war. Auf einmal knarrte etwas.

»Was? Was war das denn?«

Quietsch, quietsch, quietsch. Das Geräusch drang von draußen herein.

Edward wollte sich umdrehen, doch Ruby ließ ihn nicht.

»Hast du es immer noch nicht kapiert?« Edward stöhnte, als sie ihre Arme um seinen Hals schlang.

»Selbst wenn ... selbst wenn ... Ich ... ich ... Herr Raygen war doch mein Retter!« Auch wenn ihr die Wahrheit langsam dämmerte, war sie nach wie vor verwirrt und konnte sich Raygens Bann noch nicht entziehen. Da drehte sich Edward zu ihr um und boxte sie in die Magengrube.

»Wie kann man nur so begriffsstutzig sein?! Schalt doch endlich mal dein Gehirn ein!«

Und wieder erklang das seltsame Geräusch. Edward kniete nieder, schlug die Handflächen aneinander und presste sie auf den Boden.

Licht erfüllte den Raum, sodass das gesamte Haus wackelte, und in der Wand öffnete sich ein Loch. Dahinter war die Schleuse. Mit einer Kurbel, die so groß war, dass man sie mit beiden Händen bedienen musste, konnte man die Menge des durchfließenden Wassers regulieren. Genau diese Kurbel quietschte und ächzte so.

»Oh Mann.« Raygen war dabei, die Schleuse zu öffnen.

»Wenn ich sowieso gefasst werde, gehe ich lieber drauf und nehme euch mit!«

Der Wasserspiegel in den oberirdischen Kanälen begann im Nu zu sinken. Das Getöse des Wassers im unterirdischen Kanal wurde immer lauter.

Edward verwandelte seinen Arm in einen Knüppel und sprang in Richtung Raygen.

»Stopp!« Dieser ließ die Kurbel los und berührte den Boden.

Er hatte dort einen Transmutationskreis gezeichnet. Als sich das Licht der Transmutation zerstreute, hob sich der Boden und eine große Welle breitete sich hin zu Edward aus.

Der junge Elric konnte ausweichen und die Welle schlug stattdessen in die Wand. Tiefe Risse breiteten sich darin aus.

Raygen legte eine weitere Salve nach. Dieses Mal brach der Boden noch stärker auf. Der Angriff zeugte von einem dilettantischen alchemistischen Können, nur rohe Gewalt und wenig Kontrolle, aber die Zerstörungskraft war gewaltig. Die Wände stürzten ein und sogar die Decke auf der anderen Seite wurde weggeblasen.

»Ruby!« Edward rief nach ihr, da sie dringeblieben war.

Aber dank des wenig zielgerichteten Angriffs war Ruby nichts geschehen; sie kauerte unverletzt auf dem Boden. »Du, das werde ich dir nie verzeihen!«

Raygen nahm keinerlei Rücksicht auf die junge Frau, obwohl sie als Einzige bis zum Schluss an seiner Seite gestanden hatte. Er wollte wirklich alle Leute in Wisteria in den Tod reißen.

Das Licht der Alchemie flammte auf und Raygen bereitete sich auf einen Angriff vor, aber nichts geschah. Ein Teil der Felswand nahe der Schleuse verwandelte sich jedoch in einen Pfeiler und stürzte auf ihn zu. Wie zuvor ließ Raygen über eine Transmutation den Boden emporwachsen, um die Attacke abzuwehren. Aber der Pfeiler brach nicht, sondern zerbröckelte zu feinem Staub und Sand. Sie nahmen ihm die Sicht.

Raygen versuchte seine Augen vor dem feinen Schmutz und den Steinen zu schützen, und als er wieder aufblickte, landete Edwards Faust mitten in seinem Gesicht.

Ruby beobachtete aus der Ferne, wie Edward mit aller Kraft versuchte, die Schleuse wieder zu schließen. Der Junge hatte die Wahrheit gesagt. Raygen hatte wie ein Irrer gelacht, als er sagte, er würde alle mit sich in den Tod reißen.

Der Kampf entfaltete sich vor ihren Augen, aber Ruby war auf dem Boden zusammengesackt. In diesem Moment war alles zusammengebrochen, woran sie je geglaubt hatte.

»Ich hasse es zu verlieren ...«

Sie wiederholte ihr Mantra. Diesen Satz hatte sie innerlich immer und immer wieder heruntergebetet, seit sie Raygen das erste

Mal getroffen hatte. Und mit jeder Wiederholung hatte sie sich mutiger gefühlt. Aber jetzt gaben die Worte ihr keine Kraft mehr.

»Ich will nicht verlieren, ich will glücklich werden ...«

Ruby erinnerte sich daran, was Alphonse auf der Brücke über dem Kanal zu ihr gesagt hatte.

Sie hörte wieder die melancholische Stimme in ihrem Kopf: *»Wenn du alle rausschmeißt, die anderer Meinung sind als er, bleibt bei so einem Verschleiß am Ende doch keiner mehr übrig!«*

Ruby krallte die Finger in den Boden, um Halt zu finden. Der Schmerz vom Schlag in den Bauch, ihre tiefe Verzweiflung und Trauer ... Alles verschwamm vor ihren Augen. Die Tränen tropften ihr auf die Handrücken. Sie fühlte eine kühle Brise um ihren Körper.

Mit jedem Schluchzen kullerten ihr die Tränen über das Gesicht und die Hände. Obwohl sie nur noch verschwommen sehen konnte, bemerkte sie ein einzelnes weißes Blütenblatt, das ihr auf die tropfnassen Handrücken gefallen war. Es stammte von einer der Blumen, die ihr Leaf geschenkt hatte. Weiße Blumen, von denen es in ihrer Heimatstadt viele gegeben hatte.

»Wach auf«, hatte Leaf zu ihr gesagt, als er ihr die Blumen gegeben hatte.

Sie hielt die Blüte in der Hand. Weiß. Ihre Lieblingsfarbe.

»Nicht mehr verlieren. Wir sind unseres Glückes Schmied! Dafür müssen wir stark sein! Wir dürfen uns nicht unterkriegen lassen, damit wir alles Vergangene überwinden können! Aber ...«

Ruby hob den Kopf. Viele weiße Blütenblätter tanzten am Nachthimmel.

»… aber es hat keinen Sinn, in einer Welt zu leben, in der man zwar immer gewinnt, aber am Ende allein dasteht …«

Ruby stand auf. Vor ihr versuchte Edward mit aller Kraft, die Schleuse zu schließen, um die Menschen in Wisteria zu retten. Auch Raygen war wieder zu sich gekommen, presste die Hände auf den Boden und wollte seinen Widersacher von Neuem angreifen. Ein Licht flammte auf und unter Raygens Händen erhob sich der Boden. Blut tropfte ihm von der Lippe und er leckte es weg.

»Ich mach dich fertig!«

Der Boden brodelte wie heißes Wasser, Steine stoben davon und eine Welle breitete sich darüber aus, die vor Edward enorm anschwoll.

»Jetzt reicht's aber!« Edward ließ die Kurbel los, kniete sich auf den Boden und presste ebenfalls die Hände dagegen. Eine Wand wuchs in die Höhe, gegen die er schließlich so fest er konnte trat.

Broch! Als die Wand einstürzte, bebte der Boden. Es gab eine riesige Staubwolke. Aber so kurz die Zeit auch war, in der er sich mit Raygen hatte auseinandersetzen müssen – das Wasser floss unbeirrt weiter. Selbst wenn sie Raygen schnell besiegen könnten – ihnen blieb keine Zeit dafür. Der Keller würde schon bald unter Wasser stehen.

Edward zögerte. Er wusste noch nicht, wofür er sich entscheiden sollte.

»Du wirst jetzt hier fertiggemacht!«, rief Ruby. Als Raygen sich umdrehte, traf ihn der lodernde Blick seines Schützlings. Sie war fest entschlossen, ihren selbst gewählten Weg weiter zu verfolgen.

Die junge Frau verpasste Raygen einen Tritt, der ihn mehrere Meter weit wegschleuderte, sodass er das Bewusstsein verlor.

»Boah, Ruby …« brachte Edward anerkennend hervor, als er Augenzeuge geworden war, wie Ruby Raygen eine verpasste. Ohne ihren Gegner eines weiteren Blickes zu würdigen, rannte sie zur Schleuse.

»Ist was?« Ruby hatte nun die Hand an der alten Kurbel.

»Nein, alles gut. Dass so ein hoffnungsloser Fall wie du mal zur Besinnung kommt, das hab ich gebraucht. Sonst hätte ich nichts bewirkt.«

Er hätte auch einfach »Gott sei Dank« sagen können, tat es aber nicht.

»Ja, dank Alphonse und Leaf sind mir die Augen aufgegangen.« Sie hätte zugeben können, dass auch Edward seinen Teil dazu beigetragen hatte, tat es aber nicht.

»Ey! Geht's noch? Und was ist mit mir?!«

»Du nervst! Dich hätt ich nicht gebraucht!«

Sie zankten sich wieder wie bei ihrem ersten Treffen, fingen mittendrin aber beide an zu kichern.

»Komm, hören wir lieber auf. Alphonse, der uns sonst immer auseinanderbringt, ist schließlich nicht da.«

»Hast recht.«

Mit vereinten Kräften begannen sie, die verrostete Kurbel zu drehen.

Alphonse und die Leute aus der Stadt mussten schreien, um sich unter dem Getöse des Wassers im Kanal verständigen zu können.

»Warum kommt hier auf einmal so viel Wasser? Wenn das so weitergeht …!«

Alphonse schaute zurück. Auf beiden Seiten des unterirdischen Kanals verliefen Wege, aber diese standen bereits unter Wasser. Alle eilten durch beinah knietiefes Wasser den Gang entlang. Trotz ihrer Laternen sahen sie den Boden kaum und das Wasser behinderte sie beim Gehen, sodass alle nur langsam vorankamen.

Der Wasserlauf hatte ein ziemliches Gefälle. Stieg der Spiegel weiter und wurde die Strömung noch reißender, drohten sie alle vom Wasser mitgerissen zu werden.

Leaf hatte den Arm um Kett gelegt, damit dieser nicht das Gleichgewicht verlor.

»Jemand hat was am Schleusentor gemacht und mehr Wasser nach hier unten geleitet.«

»Sollten wir dann besser zurück …?«

Doch Evans packte Alphonse am Arm.

»Wenn jemand daran dreht, kommt immer mehr Wasser. Selbst wenn wir jetzt umkehren, schaffen wir es nicht mehr. Wir müssen weitergehen.«

Alphonse rief: »Neil!«

»Jo?«

Die Laterne vor ihm wurde wild herumgeschwenkt. Neil hatte sich offenbar umgedreht.

»Wie weit ist es noch?«

»Wir müssten gleich da sein!«

Leaf reckte sich und spähte nach vorn.

»Wir sind schon an dem Kran unter der Fabrik vorbei, der die Steine hochhebt. Demnächst sollte es flussabwärts weitergehen …«

Da hörte er Neil rufen: »Hey! Ich hab was!«

»Sind wir da?«

Doch die Stimme wurde von einem noch lauteren Getöse von hinten überlagert.

»Leute, weg da!« Alphonse riss Leaf und Kett zur Seite.

Ein Teil der Kanalwand musste eingestürzt sein. Eine Wasserwelle mit Sand und Geröll donnerte bedrohlich heran.

»Arrrgh!«

»Waah …!«

Schreie hallten durch den Kanal. Die Pfade daneben stürzten ein.

Um den Leuten Mut zu machen, rief Alphonse ihnen zu: »Durchhalten! Gleich haben wir es geschafft!«, und eilte weiter.

Plötzlich öffnete sich der Gang zu einem weiteren Raum.

»Was? Wo sind wir hier?«

Sie standen in einer großen Halle, doch sie waren in einer Sackgasse gelandet.

Der Kanal hätte hier eigentlich eine Kurve machen und sich wieder mit dem Wasser von oben vereinigen sollen. Hier hätte es auch eine Tür zu einem Minenschacht geben sollen, der nach Süden führte. Doch in diesem großen Raum, der knöcheltief unter Wasser stand, war vom Kanal nichts mehr zu sehen. Der Wasserstand begann zwar wieder zu sinken und ein erneuter Anstieg war wenig wahrscheinlich, aber das war kein Grund zur

Erleichterung. Nirgends gab es eine Öffnung, durch die sie hätten entkommen können. Sie standen in einem riesigen Raum. Nichts weiter.

»Sind wir hier richtig?«, fragte Leaf Neil.

»Ich denke schon. Flussabwärts gehen, bis man an die Stelle kommt, wo die Kanäle zusammenfließen. Er sagte, hier ganz rechts wäre ein Durchschlupf …«

»Wirklich?«, fragte jemand. »Willst du es uns denn nicht eher heimzahlen, dass wir dich eine Zeit lang schikaniert haben?«

Doch Alphonse und Leaf nahmen ihn in Schutz: »Das Gestein hier hat sich in verschiedensten Schichten verfestigt. Es kann schon vorkommen, dass irgendwo mal was zusammenfällt. Gerade wenn das Wasser für Erosion sorgt. Wegen der enormen Wassermenge muss der Kanal teilweise eingestürzt sein … und weil die Banditen dort oben Bomben geworfen haben.«

Alphonse leuchtete an die Wand gegenüber. Ein Geröllhaufen türmte sich auf. Der Durchschlupf, den sie suchten, musste darunter liegen.

»Was sollen wir nur tun …? Wären wir nur früher gegangen, dann wäre uns das nicht passiert …«, sagte jemand und ein Mann in der Nähe zeigte auf Neil. «Weil du uns nicht ins Herrenhaus gelassen hast!«

Daraufhin erwiderte Neil: »Jetzt sind wir also schuld? Weil ihr so langsam seid, sind wir doch nicht vorangekommen!«

»Hey, wir haben jetzt wirklich keine Zeit zum Streiten!« Alphonse schritt ein, um zu schlichten. Doch die Angst, nicht aus dem Kanal entkommen zu können, und die Erschöpfung durch das Herumwaten sorgten dafür, dass sich sämtlicher Frust der Menschen auf einmal entlud.

»Jaja.«

»Du verarschst uns doch!«

»Du weißt doch, wie man hier rauskommt!«

»Jetzt sag's uns endlich!«

Als sich die Männer aufeinanderstürzten, fielen einige Laternen ins Wasser und verlöschten zischend.

»Was ist das?«

Kurz bevor sie vollständig ausgingen, erleuchteten die Laternen die Wasseroberfläche. Dort entdeckte Leaf etwas Weißes.

»Da …« Er hob es auf. »Das sind meine Blumen.«

Wie sie wohl hier hereingekommen sein mochten? Leaf blickte sich energisch um. Dann rieselten weitere Blütenblätter von der dunklen Decke.

»Leute, schaut mal!«, schrie Leaf.

»Licht aus! Macht mal eure Laternen aus!«

»Was ist denn jetzt los?« Vor Überraschung, dass der sonst so ruhige Leaf nun dermaßen rumbrüllte, hörten die Leute auf zu streiten.

»Schnell! Macht eure Laternen aus!« Leaf löschte das Licht eines Mannes in seiner Nähe.

»Aber dann wird es stockdunkel!«

»Nein, wird es nicht! Na los, macht schon!«

Einer nach dem anderen löschte seine Laterne. Kaum waren alle erloschen, erhellte ein Lichtstrahl den Raum.

»Woher kommt dieses Licht?«

»Das ist der Mond!«

Leaf wandte sich an die Leute.

»Oben in der Decke ist eine Öffnung!«

»Richtig. Die muss vom Erdrutsch kommen! Hier können wir die Felswand raufklettern!«, sagte Alphonse, als er den Geröllhaufen hinaufblickte. Aber die Stadtbewohner sahen sich nur an, denn keiner traute sich das zu. Sie wussten, dass es gefährlich war, Geröll hinaufzuklettern – noch dazu, wenn es nass war. Doch Leaf zögerte nicht.

»Gehen wir! Klar wird das nicht leicht, aber zusammen schaffen wir das schon!«

Neil setzte sich als Erster in Bewegung. Er kletterte ein Stück hinauf und streckte dann die Hand nach unten aus.

»Kett, komm.« Er hielt dem Angesprochenen die Hand entgegen, der mit seinem verletzten Bein allein im Wasser saß.

»Ich helfe dir. Zusammen packen wir das.«

»Neil ... «, sagte Alphonse überrascht. Doch der schnaubte bloß.

»Mitgefühl, klar?« Es klang barsch, aber er half Kett sanft auf und stützte ihn behutsam.

»Oh Mann. Ist doch logisch, dass wir uns gegenseitig helfen müssen, um da hochzukommen.«

Ein anderer Mann trat zu Evans.

»Und ich helfe dir. Gehen wir.« Es war der Mann, der Evans zuvor am Kragen gepackt hatte.

»Ich nehm dich huckepack. Hey, hilf du mir auch!« Ein Mann nahm ein Kind auf den Rücken und rief ein anderes aus den Schatten. Ein weiterer trug die Wirtin aus der Schenke.

Wieder andere halfen den verletzten Wächtern. Die Bewohner Wisterias reichten sich gegenseitig die Hände und kletterten den Hang hinauf.

»Leaf, wir sollten auch gehen!«

»Ja!«, antwortete der Junge laut und wischte sich die Tränen aus dem Gesicht. Der Hang war steiler als erwartet. Von der feuchten Erde wurden die Hände schmutzig und bei jedem Schritt drohte das Geröll weiter abzurutschen. Trotzdem setzten die Leute ihren Weg langsam, aber stetig fort.

»Uah!« Direkt vor Leaf rutschte ein Kind aus. Unten hatte er versucht, den Leuten Mut zu machen und griff nun blitzschnell nach dem Kind.

»Das war knapp!« Immer wenn es wieder abzurutschen drohte, fasste er es fest an der Hand. Doch auf einmal verlor Leaf selbst das Gleichgewicht und rutschte hinab.

»Argh!«

»Leaf!«, rief jemand noch zur Warnung, doch der Junge drohte schon abzustürzen.

»Hab dich!« Diesmal war es der ältere Elric, der ihn auffing.

»Edward?!«

»Sei vorsichtig, Leaf.«

Ruby stand direkt neben ihm. Nachdem sie gemeinsam die Schleuse geschlossen hatten, waren Edward und Ruby ihnen gefolgt.

»Ed!«

Edward lächelte seinem Bruder zu, der ein Stück weiter oben hinaufkletterte.

»Gleich haben wir es. Nur noch ein bisschen.«

»Ja!«

Direkt vor ihnen im Mondschein lag der Ausgang.

Sie hatten es allesamt nach draußen geschafft und sahen nun einen weißen Blumenteppich vor sich. Im Licht des Mondes schimmerten die weißen Blumen in der Felswand noch weißer. Auf der anderen Seite des Abgrunds nahm die Armee gerade die Banditen fest, die mit den Juwelen türmen wollten. Unter denen, die abgeführt wurden, befand sich ein allseits bekannter weißhaariger Mann. Keiner der Bewohner Wisterias sagte auch nur ein Wort. Sie sahen einfach zu, wie ihr Bürgermeister abgeführt wurde, den sie so lange respektiert hatten und dem sie für den Rest ihres Lebens hatten folgen wollen.

Weiße Blütenblätter tanzten im Wind und fielen wie Schnee auf die zerstörten Überreste der Stadt.

»Alles gut«, sagte Ruby. »Ja, das macht nichts. Das bauen wir wieder auf!«, wiederholte sie mit Nachdruck. »Zusammen schaffen wir alles ...!«

»Ruby ...« Leaf drückte sanft ihre Hand – und sie drückte seine. Obwohl sie den Menschen verloren hatten, an den sie fest geglaubt hatten, und ihre Stadt zerstört worden war, fühlten sie sich nicht allein.

Im Osten wurde es allmählich heller, der Tag brach an und die Sonne ging auf. Unten im Tal hoben Ruby und Leaf ihr Gesicht gen Himmel, und auch Neil, Evans und alle anderen schauten auf, um die Morgensonne zu begrüßen. Ihre Gesichter zeigten

Traurigkeit und Verbitterung, aber auch Entschlossenheit, noch einmal neu anzufangen.

Sie hatten nur für Profit gearbeitet. Gegeneinander. Manchmal hatten sie einander sogar bekämpft. Nun aber hatten sie gelernt, dass man sich beidseitig helfen konnte. Sie brauchten das Äquivalente Tauschgesetz nicht mehr.

»Ed, jetzt ist alles wieder gut.«

»Ja.«

Bald stand die Sonne hoch am Himmel und die Bewohner Wisterias genossen ihre warmen Strahlen.

»Na dann, passt gut auf euch auf!«

»Ja.«

Edward und Alphonse wollten sich bei Tageslicht auf den Weg nach oben machen.

»Ruby, Leaf! Viel Glück und Erfolg!«

»Ja, wir wuppen das!«

Ruby war mit Leaf gekommen, um sie zu verabschieden. Gemeinsam blickten sie auf die Stadt hinunter.

Dort waren Neil und viele andere damit beschäftigt, Brände zu löschen. Evans behandelte die Verletzten und wieder andere räumten die Trümmer der zerstörten Häuser sowie der Fabrik fort.

»Wir werden ziemlich lange viel zu viel zu tun haben, um deprimiert zu sein. Es werden hier nicht mehr so viele Leute wohnen, aber wir hängen uns rein.«

»Weniger Leute? Warum?«

»Die vom Militär Gesuchten wollen sich stellen und für ihre Verbrechen bezahlen.«

»Verstehe.«

»Aber sie sagen, sie kommen wieder, sobald sie ihre Strafe verbüßt haben.«

Nun, da sie Raygens Gehirnwäsche entkommen waren, wählten die Menschen wieder ihren eigenen Weg.

»Danke für alles. Es war mir ein Vergnügen, dich kennenzulernen.« Ruby sah Alphonse an und lächelte. »Komm uns wieder besuchen, Alphonse.«

»Ja. Diesmal baust du eine Stadt, in der *alle* lachen können. Ich werde dich auf jeden Fall besuchen kommen.«

»Okay! Und wenn du dann wieder hier bist, lass mich dich bitte verwöhnen, Alphonse.«

»Hey, jetzt streich nicht nur Al so raus!«, keifte Edward, da Ruby die ganze Zeit ausschließlich von seinem kleinen Bruder sprach.

»Ach, willst du mich etwa auch besuchen?«

»Hmpf! Wer will schon eine so freche, unverschämte Göre wie dich sehen?«

»Was? Wer ist denn hier frech und unverschämt, hm?! Du bist doch nur eifersüchtig, weil du das Gefühl hast, ich hätte dir deinen Bruder weggenommen!«

»Eifer...? « Edward schnappte nach Luft. »Wer ist hier eifersüchtig?!«

»Ich sehe irgendwie eine Ähnlichkeit zwischen Edward und Ruby«, bemerkte Leaf, der ihnen zugesehen hatte, lachend. Auf Anhieb platzten die beiden gleichzeitig heraus: »Gar nicht wahr!«

»Schon gut, schon gut.« Alphonse wollte das ständige Gezanke auf der Stelle unterbinden. »Seid ausnahmsweise mal nett zueinander.«

»Keine Chance! Al, Abmarsch!« Edward drehte sich verärgert um und machte sich auf den Weg.

»Tschüss, Ruby, tschüss, Leaf!«, verabschiedete sich Alphonse und wollte gerade seinem Bruder nachgehen, als ...

»Alphonse!«

»Ja?«

»Wenn du mich mal brauchst, um deine Verlobte zu spielen, sag einfach Bescheid.«

Ruby streckte sich und gab Alphonse einen Kuss auf die Wange.

»Huch?«

Ruby lächelte Alphonse wie eine blühende Blume an, doch er wich panisch zurück und hielt sich die Wange.

»Ich warte auf dich!«

»Ru... Ruby?!« Vor Schreck verschlug es dem jüngeren Elric die Sprache. Obwohl er eigentlich nichts fühlen sollte, brannte seine Wange. Er war so verblüfft, dass er nicht wusste, was er tun oder sagen sollte. In dieser Sekunde rief Edward nach ihm: »Na, was ist denn nun, Al?! Lass uns endlich gehen!«

»Oh, ja, ich ... ich komm ja schon! Ähm ... Ähm ... Ich ... geh dann mal.«

»Ja.«

»Na dann, alles Gute!« Alphonse winkte Ruby und Leaf noch einmal zu und lief anschließend Edward hinterher.

Der junge Alchemist warf seinem kleinen Bruder einen irritierten Blick zu, weil der so ruhig neben ihm herging.

»Was hat sie denn noch zu dir gesagt?«

»Äh, nichts.«

Da hörten sie, wie Ruby ihnen laut nachrief: »Alphonse, Edward! Vielen, vielen Dank!«

Edward war kurz überrascht, aber dann breitete sich auf seinem Gesicht ein Lächeln aus und er winkte zurück, ohne sich noch einmal umzudrehen.

Zwei Wochen später.

»Herr Oberst, ein Anruf für Sie.«

Roy schaute ungnädig, als Fuery ihn in einer Besprechung im Eastern Command störte.

»Ich unterhalte mich gerade. Der soll später wieder anrufen.«

»Es ist General Hakuro aus New Obtain.«

»Verdammt.« Roy stand buchstäblich ein »Igitt« ins Gesicht geschrieben und er erhob sich. »Lest so lange die Unterlagen dort, bis ich zurückkomme.« Er gab noch ein paar Anweisungen und machte sich dann auf den Weg zum nächsten Telefon.

»Der wird mir doch nicht den nächsten Job aufs Auge drükken? Na ja, nach der Sache in Wisteria sollten auch wir ein bisschen im Ansehen gestiegen sein ...«

Roy legte den Kopf schief und nahm den Hörer ab.

»Ja, hallo?«

»Oberst Mustang, danke für neulich.«

»Keine Ursache ...«

Roy fragte sich schon, ob es wirklich nur ein Dankesanruf sein könnte, als Hakuro auch schon in sachlichem Ton fortfuhr: »Die Inspektionsberichte, die Sie mir vorgelegt haben ... Ihre Berichte sind ja größtenteils sehr sorgfältig. Das nützt uns sehr.« Viele der von Hakuro gelobten Berichte waren von Havoc und Breda verfasst worden. Roy hatte sie auch durchgesehen und wusste daher, dass sie gut geschrieben waren.

»Nur bei einem gibt es ein Problem.«

Ihm war sofort klar, um welchen es sich handelte. Er war jedoch nicht beunruhigt, denn seine Erwartungen an Edwards Bericht waren von Anfang an niedrig gewesen. Roy hatte den Bengel trotz der potenziellen Schlampigkeit darum gebeten.

Aber er war zuversichtlich, sich irgendwie herausreden zu können, da er ja über die Vorkommnisse in Wisteria Bescheid wusste und selbst Erkundigungen eingezogen hatte. »Das tut mir leid. Handelt es sich um den über Wisteria?«

»Ganz genau.«

»Wegen des Überfalls konnte ich ihn nicht so sorgfältig wie die anderen erledigen.«

»Scheint so.«

»Welcher Teil war denn schlecht? Der über die finanziellen Ressourcen der Stadt? Oder der mit den Sicherheitsmaßnahmen ...?«

Roy versuchte auf den Busch zu klopfen, doch Hakuro ging nicht darauf ein und fragte stattdessen zurück: »Welcher Teil? Wovon reden Sie überhaupt?«

»Wie bitte?«

»Haben Sie Ihren Bericht denn schon vergessen? Sie haben doch Folgendes geschrieben: *›Bericht über Wisteria. Details folgen. Seien Sie gespannt!‹* Das war alles. Das haben Sie doch geschrieben! Oder irre ich mich?«

Roy konnte darauf schlecht etwas Gegenteiliges erwidern. Denn dann wäre klar gewesen, dass er einen Vertreter geschickt hatte. Aber »Ja, genau« konnte er genauso wenig antworten.

»Oberst Mustang?«

Er wusste nicht, was er sagen sollte. So kindische Berichte einzureichen, würde sich negativ auf seinen Ruf auswirken.

»Was haben Sie sich da nur gedacht? Hören Sie mir überhaupt zu?«

Roy erwartete ein unerbittliches Verhör.

Nachwort

Hallo zusammen.

Ich heiße Makoto Inoue. Seit dem letzten Mal bin ich noch tiefer in die *Fullmetal*-Welt eingetaucht, denn das ist bereits der dritte Roman der *Fullmetal Alchemist*-Reihe.

Morgens *Fullmetal*. Mittags *Fullmetal*. Abends *Fullmetal*. *Fullmetal* in der Badewanne! *Fullmetal*, wenn man ins Bett kriecht. *Fullmetal* hier, *Fullmetal* da. *Fullmetal* überall. *Fullmetal* im Traum. Sogar auf der Toilette. (Hust Hust)

Ich liebe *Fullmetal Alchemist* sowieso so sehr, dass ich mich ganz vergesse! Also habe ich einfach wieder etwas aus der *Fullmetal*-Welt geschrieben.

Es würde mich freuen, wenn auch ihr euch beim Lesen selbst vergessen und für eine Weile in die *Fullmetal*-Welt eintauchen könnt. Wenn das der Fall ist, dann schreit es mit mir zusammen in die Welt: »Auch jeeetzt: Hoch lebe *Fullmeeeeeeetal*!« Wenn ihr keine Lust dazu habt, dann tut es mir leid.

Ich möchte außerdem allen meinen Dank aussprechen, die mir bei der Fertigstellung dieses Romans geholfen haben. In erster Linie natürlich Frau Arakawa. Vielen Dank, dass Sie sich trotz Ihres vollen Terminkalenders die Zeit genommen haben, mir mehr über die Charaktere zu erzählen! Ich weiß, wie viel Sie zu tun haben. Bitte passen Sie auf sich auf! Zweitens meiner Redakteurin, Frau Nomoto. Ich möchte mich wieder sehr herzlich bei Ihnen bedanken.

Beim Schreiben verliere ich manchmal den Faden oder mache Fehler, daher bin ich sicher, dass ich nur dank Frau Nomoto ein Buch erfolgreich zum Abschluss bringe. Sie weiß Zuckerbrot und Peitsche geschickt einzusetzen.

Natürlich macht mir das Schreiben Spaß, aber dann sitze ich wieder vor dem Bildschirm, starre darauf und möchte in die Ferne schweifen. Nicht in meinem Kopf, sondern in der Wirklichkeit. Und schließlich kommt perfekt getimt (ja, wirklich) ein Anruf:

Nomoto:	»Hallo, hier Nomoto. Wie läuft's bei der Arbeit?«
Inoue:	»Na ja, ich mache Fortschritte ... Ich möchte vielleicht ein bisschen reisen ...«
Nomoto:	»Verstehe. Das ist nachvollziehbar. Sie sitzen ja die ganze Zeit zu Hause rum.«
Inoue:	»Fr... Frau Nomoto!« (Sie hat Verständnis für meine Gefühle! Ich weine vor Freude!)
Nomoto:	»Warum fahren Sie nicht ins Ausland? So zwei, drei Wochen!«
Inoue:	»Zwei, drei Wochen? Aber ich hab zu tun ...«
Nomoto:	»Amüsieren Sie sich doch mal! Machen Sie eine Auszeit, dann fühlen Sie sich erfrischt, wenn Sie sich wieder an die Arbeit setzen! Das wird Ihnen guttun, oder?«
Inoue:	»Oh, äh, schon ...«
Nomoto:	»Aber natürlich! Arbeiten Sie einfach mit ihrem Urlaubsziel vor Augen.«

Inoue: »Ja, gerne!« (Okay, ich sehe schon das blaue Meer.)

Und dann, bevor alles fertig ist ... (Der entscheidende Punkt: »bevor«, nicht »danach«.)

Nomoto: »Gute Arbeit! Ich muss nur noch ein bisschen was nachprüfen!«

Inoue: »Ja, sobald ich hier fertig bin, möchte ich in den Urlaub fliegen ...«

Nomoto: »Ah! Apropos, haben Sie nächste Woche Zeit?«

Inoue: »Hm? Ja.«

Nomoto: »Wie schön! Ich möchte ein Meeting für den nächsten Auftrag ansetzen!«

Inoue: »Ich wollte doch ins Ausland ...«

Nomoto: »Ah, Sie haben schon mal gesagt, dass Sie das vorhaben. Sie sollten das auf alle Fälle machen, wenn es nach dem nächsten Auftrag wieder ruhiger ist. Nach getaner Arbeit ist es doch viel entspannter zu reisen.«

Inoue: »Oh, äh, schon ...«

Nomoto: »Aber natürlich! Sie haben stets von Skandinavien geträumt. Fliegen Sie doch da hin!«

Inoue: »Ja, gerne!« (Dann werd ich mal reinhauen, um irgendwann in Finnland Urlaub machen zu können.)

Na ja, das ist wohl weniger Zuckerbrot und Peitsche als Fußfessel. (Das weiß ich jetzt!) Ich schreibe das hier zwar, aber Frau Nomoto ist wirklich nett. Sie ist ein liebenswerter Mensch mit einer tollen Stimme und hübschen Augen und sie macht ihren Job super. Ich kann gut mit ihr zusammenarbeiten.

Ich weiß nicht warum, aber ich glaube, dass ich Frau Nomoto immer mit »Ja, genau!« antworte. Das ist ein konditionierter Reflex … Versteh ich gar nicht.

Und hier noch das Update für alle, die das Nachwort zur zweiten Light Novel gelesen haben: Ich musste wirklich einen neuen Computer kaufen … Warum? Weil ich immer noch keine Actionromane schreibe. Heißt das, dass es einfach gefährlich ist, mit aller Kraft auf eine Tastatur einzuhämmern …? (Ist doch klar.)

Also, an alle, die vorhaben, Actionromane zu schreiben: Setzt die Kraft maßvoll ein!

Ach ja, und wer seinen Computer möglichst lange behalten will, der möge eben **Liebes**romane schreiben. Dann schreibt man natürlich mit einem Anschlag, als würde man etwas ganz Zerbrechliches berühren. Und natürlich darf man dann die nach Rosen duftenden Seifenblasen in seinem Arbeitszimmer nicht vergessen!

Und nun, zu guter Letzt, an alle, die dies gelesen haben:

Vielen, vielen Dank!

Nachwort (so in etwa)

Also echt. Was schreibt man nur in ein Nachwort?
Hallo zusammen, ich bin Hiromu Arakawa. Vielen Dank, dass ihr euch wieder einen Band der Fullmetal Alchemist-Reihe geholt habt. Ist das denn zu glauben? Wir sind jetzt schon bei Nummer drei! Mein drittes Nachwort!! Was schreib ich nur?

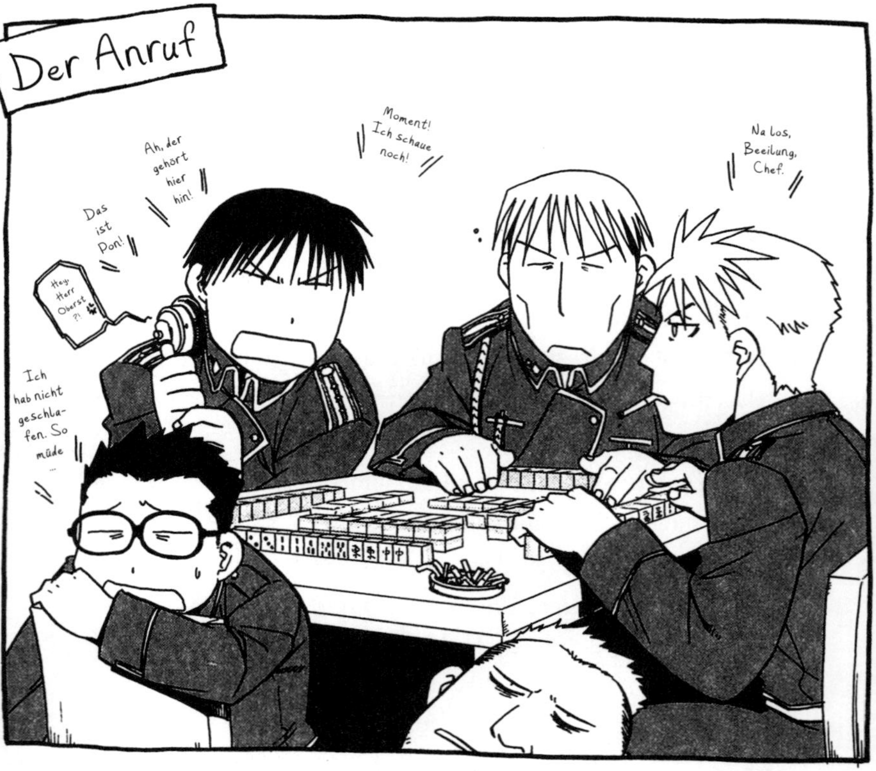

Fertig!

Frau Inoue, Frau Nomoto,
wieder einmal herzlichen Dank!
Ich wünsche allen viel
Spaß beim Lesen!

あらかわひろむ
2004ねん4がつ
Hiromu Arakawa
April 2004

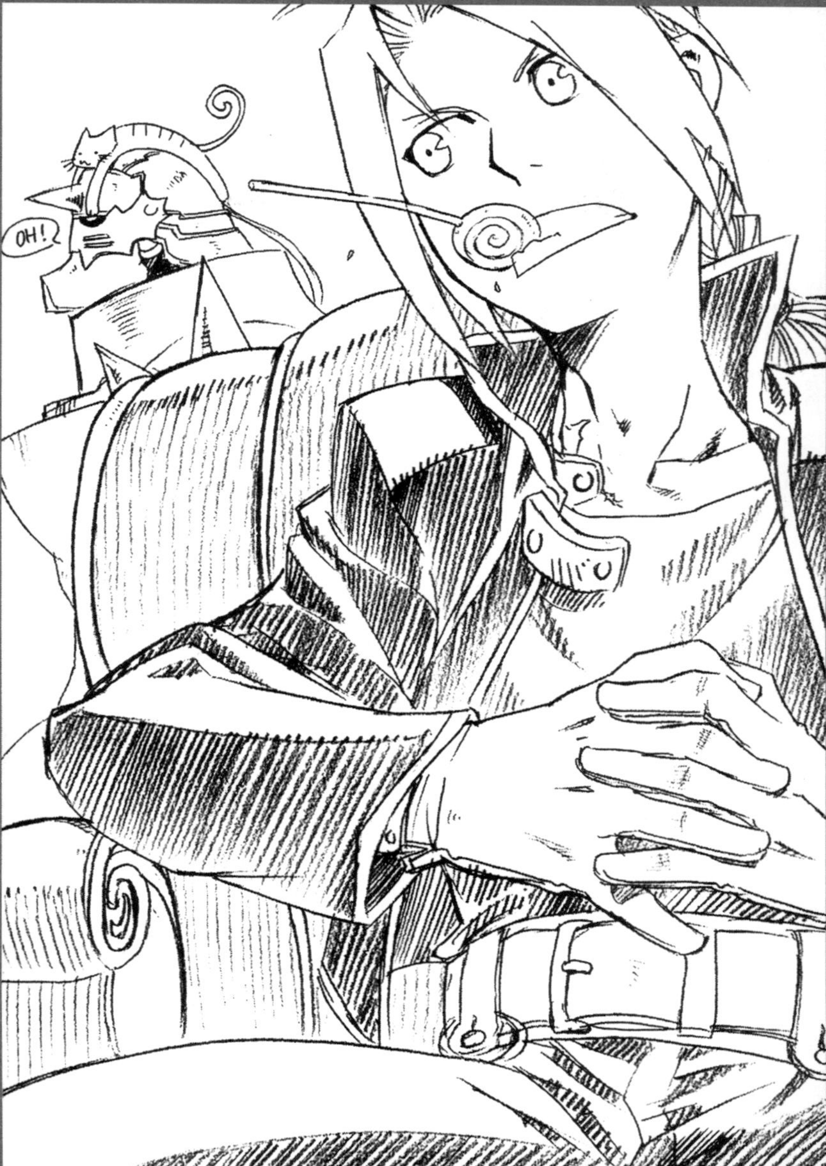
OH!

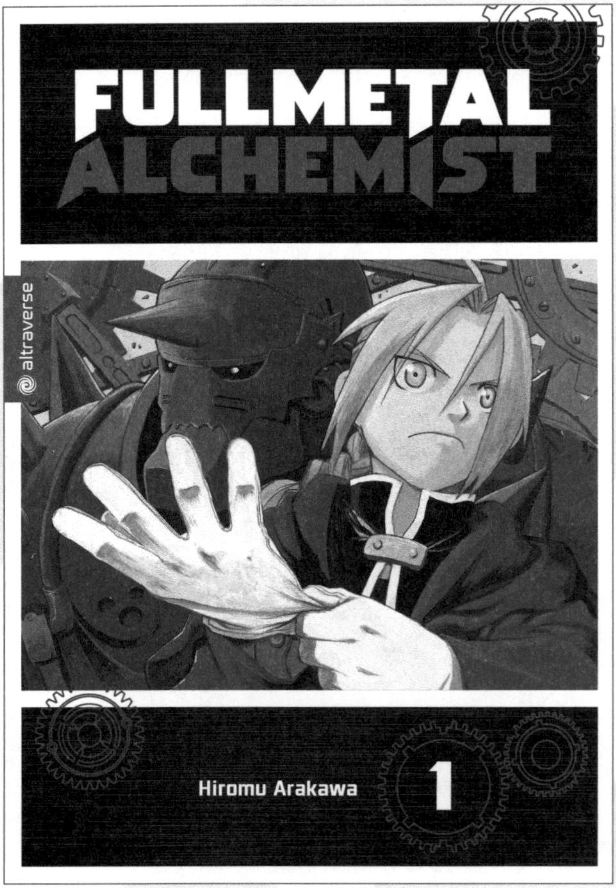

Fullmetal Alchemist – Ultra

Hiromu Arakawa

Die Brüder Edward und Alphonse Elric wollen mithilfe von Alchemie ihre verstorbene Mutter wieder zum Leben erwecken. Doch das Experiment missglückt und Edward verliert sein linkes Bein und seinen Bruder. Um ihn zurückzuholen, opfert Edward seinen rechten Arm und bindet Alphonse' Seele an eine Rüstung. Damit beginnt die Reise, um sich alles zurückzuerobern, was ihnen genommen wurde.

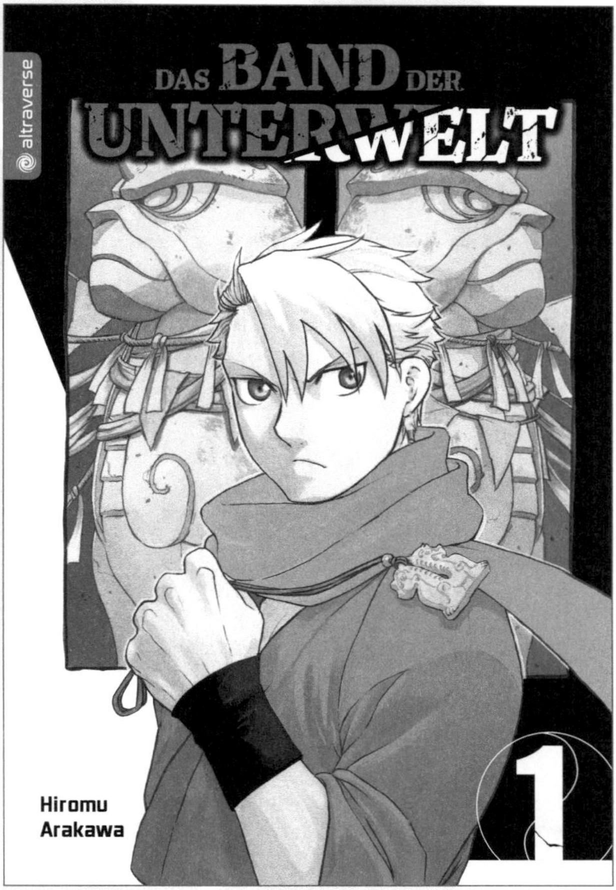

Fantasy 13 +

Das Band der Unterwelt

Hiromu Arakawa

Yuru führt ein ruhiges Leben in einem abgelegenen Bergdorf. Während er seine Zeit damit verbringt, Tiere zu jagen, erfüllt seine Zwillingsschwester Asa eine mysteriöse Pflicht, die sie dazu zwingt, in einem Kerker eingesperrt zu sein. Eines Tages wird das Dorf jedoch von einer Kampftruppe angegriffen. Ihr Ziel: die Zwillinge.

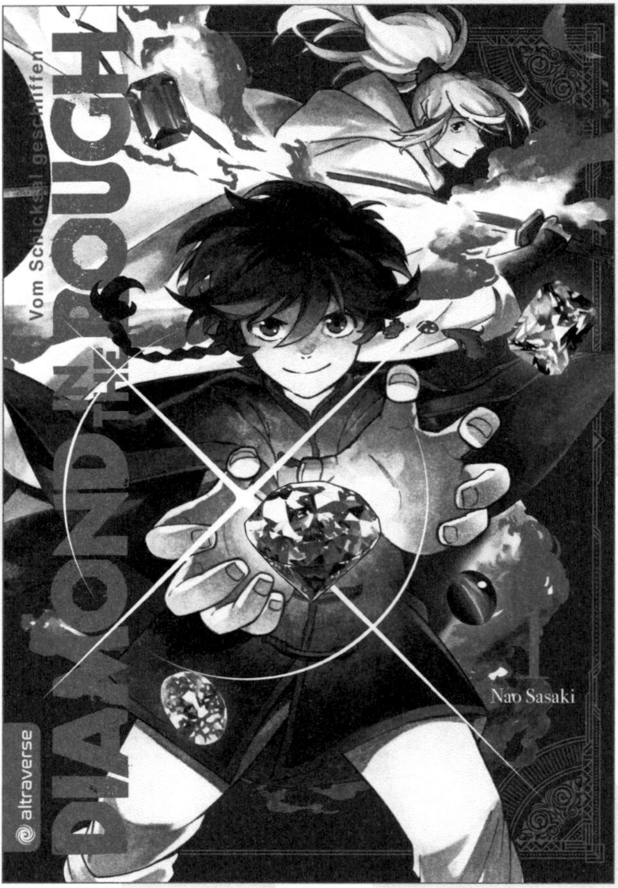

Diamond in the Rough – Vom Schicksal geschliffen

Nao Sasaki

In einer Welt, in der sich alles um Steine dreht, bestreitet Akeboshi sein Leben als reisender Erzhandwerker. In einem unterirdischen Dorf trifft er auf Kai – einen Jungen, dessen linkes Bein und seine gesamte Familie versteinert wurde. Akeboshi beschließt, dem Jungen zu helfen, ohne zu ahnen, welche Bürde er sich damit auflädt.

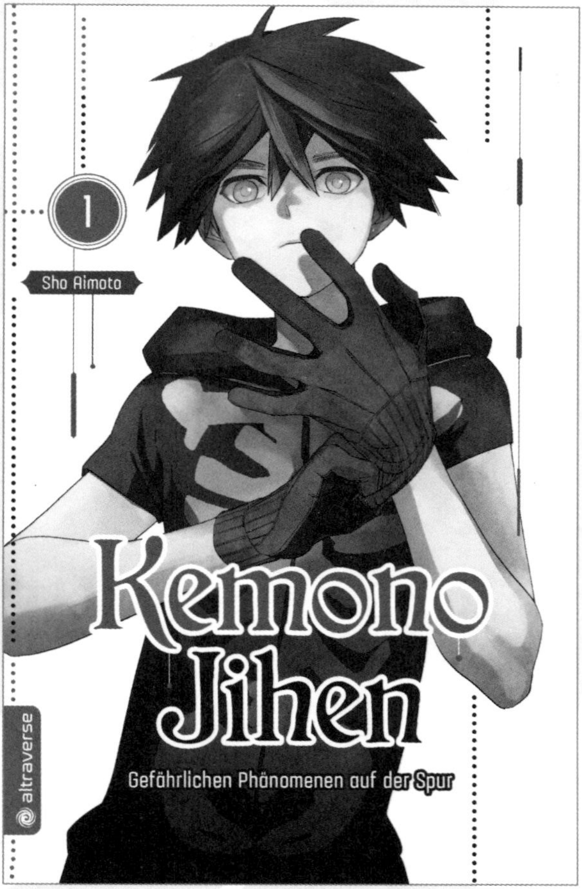

Kemono Jihen – Gefährlichen Phänomenen auf der Spur

Sho Aimoto

In einem ruhigen Dorf ereignet sich ein seltsamer Vorfall. Um diesen zu untersuchen, reist Inugami, ein Detektiv für okkulte Vorkommnisse, aus Tokio an. Im Laufe seiner Nachforschungen lernt er den jungen Dorotabo kennen und merkt schnell, dass nicht nur sein Name unmenschlich ist …

altraverse

Deutsche Ausgabe / German Edition
Altraverse GmbH – Hamburg 2023
Aus dem Japanischen von Anemone Bauer

NOVEL FULLMETAL ALCHEMIST vol. 3

First published in Japan in 2003 by SQUARE ENIX CO., LTD.
German translation rights arranged with SQUARE ENIX CO., LTD.
and Altraverse GmbH through Tuttle-Mori Agency, Inc.

Redaktion: Anh Tu Nguyen
Herstellung: Esra Doğan

Druck: CPI books GmbH, Leck
Printed in Germany

MIX
Papier
FSC FSC® C083411

ISBN 978-3-7539-0934-9
1. Auflage 2023

www.altraverse.de